キャリアアップを目指す人のための

戦略思考の物流管理入門

中小企業診断士
千本 隆司

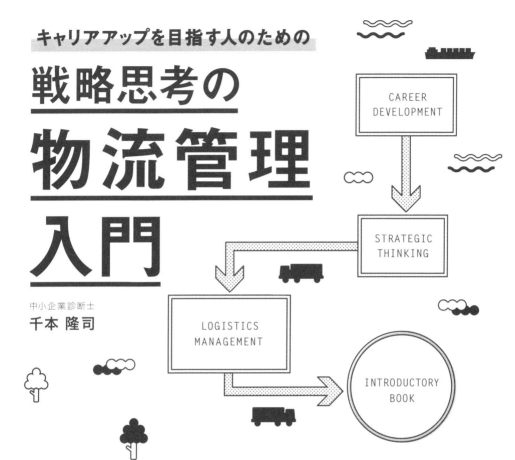

税務経理協会

はしがき

　近年，物流の重要性が高まっています。インターネット通販の隆盛に伴う短納期対応，コンビニエンスストアの売上増加と多頻度の定時配送，高齢者増加に伴う買い物支援の配送サービスなど，商流やサービスの変化に伴って高度な物流管理が求められるようになって来ました。また目を拡げれば，生産拠点の海外移転，TPPの様な国際貿易に関する変化など，国際物流に関連した様々な環境変化も起きています。その一方でトラックのドライバー不足の発生，長時間労働の問題，温室効果ガス排出に伴う環境問題など，社会問題への対応も必要になっています。

　こうした物流を取り巻く環境変化に対応していくために，物流に携わる方々としては改めて「物流を学ぶ」必要が生じています。まして先行き不透明感のある昨今の経済情勢の中で生き残っていくには，物流のプロフェッショナルとしての知識補充・能力開発によって自分のスキルを磨いていくことが重要です。

　現状を鑑みるに，世の中で物流改善が進んでいる企業はまだまだ少ないのではないかと筆者は感じています。しかし，それだけ物流のプロフェッショナルが活躍できる場が多く存在する，とも言えるのです。

　本書は，主としてメーカー・卸・小売業などの物流部門に勤務されている方に向けて，戦略的な物流管理の方法を解説する入門書です。本書における「物流管理職」とは，単に現場管理をする事務処理型の仕事に留まらず，経営者に対して物流戦略を提案できる人材を指しています。換言すれば経営者の「物流アドバイザー」に成ることを，物流管理人材のキャリア目標と設定しています。そうしたプロフェッショナルの物流管理職に求められる「考え方」「知識」「能力」などについて，わかりやすく解説をしています。

本書は30歳代以上の方を主な対象として書いたものですが，若くして20歳代から本格的に物流キャリアを磨きたい方にも役に立つ内容となっています。また人事異動によって新たに物流管理部門に配属された，中堅以上の方などにも役立てて頂ける内容となっています。さらに倉庫業など物流サービスを提供する企業にお勤めの方にも読んで頂ければ，荷主企業への営業上のご参考になると思います。皆様のキャリア形成に本書をお役立て頂ければ幸甚です。

　2015年1月

　　　　　　　　　　　　　　　　　　　　　　　　　　　　　千本　隆司

目　次

はしがき

第1章 物流管理の真のプロになる

1 物流の重要性はますます高まっている ……………………… 1
　（1）いま求められる物流管理職像とは ………………………… 1
　（2）物流は高度化し続けている ………………………………… 2
　（3）物流改革の余地は大きい …………………………………… 3
　（4）物流は経営にどう貢献できるのか ………………………… 4
　（5）物流とビジネスモデル ……………………………………… 6

2 遅れている物流改革 …………………………………………… 7
　（1）ドラッカー「物流は暗黒大陸」 …………………………… 7
　（2）物流戦略を持つ企業 ………………………………………… 8
　（3）戦略が無ければ物流は弱体化する ………………………… 9
　（4）物流に対する誤解 …………………………………………… 10
　（5）「成り行き管理」の企業 …………………………………… 12

3 経営者の「物流アドバイザー」になろう ………………… 14
　（1）経営者が考えていることを知る …………………………… 14
　（2）経営者を物流面で支えるのはあなた ……………………… 15

第 2 章 物流管理職に必要な「考え方」

1 物流マーケティング思考を持つ …………………… 17
- （1） 物流＋マーケティング ……………………………… 17
- （2） 市場・需要志向の物流 ……………………………… 20
- （3） 「物流ありき」ではない ……………………………… 21
- （4） 標準化とは何か ……………………………………… 22

2 戦略思考を持つ …………………………………… 23
- （1） 「戦略的」に考える ………………………………… 23
- （2） 経営資源（人・物・金・無形資源）の認識 ……… 25
- （3） 部門横断的思考が物流問題を解決する …………… 28
- （4） リスク対応を重視する ……………………………… 31

3 計画作成と現場管理 ……………………………… 34
- （1） 「PDCA」の実践 …………………………………… 34
- （2） 「分析麻痺症候群」vs.「現場偏重」 ……………… 36
- （3） 中間管理職の罠にはまらない ……………………… 38

4 計数化・数字による思考 ………………………… 38
- （1） 感覚に頼っていないか ……………………………… 38
- （2） 計数化の落とし穴 …………………………………… 39
- （3） 財務思考ができる物流管理職になる ……………… 40

5 社会問題への対応 ………………………………… 41
- （1） 企業の社会的責任と物流 …………………………… 41
- （2） 地球環境への配慮 …………………………………… 42
- （3） 労働環境の整備 ……………………………………… 43

第3章 物流管理職に必要な「知識」を身に付けよう

1 財務・会計知識 ………………………………………… 45
　（1）財務知識を持つ物流管理職は多くない ……………… 45
　（2）収益性とは ……………………………………………… 46
　（3）損益計算書のどこに物流活動が表れるのか ………… 47
　（4）固定費・変動費とは …………………………………… 50
　（5）キャッシュフローと利益 ……………………………… 54
　（6）投資効率を考える ……………………………………… 55
　（7）投資とキャッシュフロー ……………………………… 56
　（8）貸借対照表 ……………………………………………… 59

2 物流ABC ………………………………………………… 61
　（1）物流ABC（活動基準原価計算）を知る …………… 61
　（2）アクティビティ単価の算出 …………………………… 61
　（3）物流ABCの活用方法 ………………………………… 63

3 計数化の方法 …………………………………………… 64
　（1）KPIの導入 ……………………………………………… 64
　（2）KPIを使った現場改善 ………………………………… 67

4 在庫量の適正化 ………………………………………… 68
　（1）在庫量を分析する ……………………………………… 68
　（2）ABC分析とは ………………………………………… 69
　（3）ABC分析表とパレート図の作成 …………………… 71
　（4）在庫量適正化のために考えること …………………… 72
　（5）在庫削減は発注管理で実現 …………………………… 74

5 物流現場の運用効率を高める
　　　── 生産管理知識の応用 ………………………… 77
　（1）　物流現場管理と生産管理の類似点 ……………… 77
　（2）　ECRS ……………………………………………… 77
　（3）　動作経済の原則 …………………………………… 78
　（4）　QC7つ道具 ……………………………………… 79
　（5）　5S ………………………………………………… 82
　（6）　計画・実行・統制（PDCA）…………………… 83
　（7）　目で見る管理 ……………………………………… 83

6 物流の外部委託 ……………………………………… 84
　（1）　物流外部委託の検討 ……………………………… 84
　（2）　物流委託先の選定 ………………………………… 84

7 IT知識 ………………………………………………… 85
　（1）　ITの進展と物流高度化 …………………………… 85
　（2）　IT導入にあたり考えるべきこと ………………… 85
　（3）　クラウドの活用 …………………………………… 87
　（4）　自分でデータ分析してみる ……………………… 88

8 海外取引 ……………………………………………… 88
　（1）　輸出入が増える？ ………………………………… 88
　（2）　輸出入物流の基本 ………………………………… 89

9 物流関連の法令 ……………………………………… 92
　（1）　国内物流関連 ……………………………………… 92

目　次

第4章　物流管理職に求められる「能力」

1　コミュニケーション力がものを言う 93
（1）　人間関係構築力は物流に必要である 93
（2）　プレゼンテーション力で人を動かす 96
（3）　英会話力について　①　重要性 99
（4）　英会話力について　②　私の学習法 100

2　リーダーシップ 102
（1）　改善と改革 102
（2）　改革の精神を持とう 103
（3）　リーダーシップの基本 103
（4）　組織力の発揮 105

3　分　析　力 106
（1）　データ活用能力 106

4　プロジェクト管理能力 108
（1）　プロジェクトを経験する意義 108
（2）　プロジェクト管理の方法 108

第5章　時事問題に関心を持つ

1　時事問題への関心 111
（1）　物流への影響 111

2　少子高齢化 111
（1）　国内市場の縮小 111
（2）　ドライバーの不足 113

3　オムニチャネル ………………………………………… 115
  (1)　ネット販売の増加 ……………………………………… 115
  (2)　オムニチャネルという概念 …………………………… 115
  (3)　オムニチャネルと物流 ………………………………… 116

4　外国との関係 …………………………………………… 118
  (1)　人手不足と外国人 ……………………………………… 118
  (2)　ＴＰＰ …………………………………………………… 118

5　環 境 問 題 ……………………………………………… 120
  (1)　地球温暖化と資源保護対策 …………………………… 120

第6章　物流管理職の「腕を上げる」ための行動

1　物流を学ぶ ……………………………………………… 121
  (1)　物流を学ぶことの可能性 ……………………………… 121
  (2)　資格を取る ……………………………………………… 121
  (3)　大学院・講座に通う …………………………………… 123

2　情報収集を怠らない …………………………………… 125
  (1)　業界誌を読む …………………………………………… 125
  (2)　現場を見る機会 ………………………………………… 126

3　キャリアパス …………………………………………… 126
  (1)　昇　　　進 ……………………………………………… 126
  (2)　転　　　職 ……………………………………………… 127

参考文献等 ……………………………………………………… 129

第1章 物流管理の真のプロになる

1 物流の重要性はますます高まっている

(1) いま求められる物流管理職像とは

　本書では，主としてメーカー・卸・小売業などの物流部門に勤務されている方を対象に，物流管理職としてのキャリア形成のための方法をお伝えします。本書における「**物流管理職**」とは，自社物流・外注の別を問わず，物流業務を実施する部門のトップ（管理職者）を指します。本書を手に取られている方は，既に物流管理職として職務を行っている方もあれば，先々物流管理職になることを目指している従業者の方もおられるでしょう。

図表1-1　本書の「物流管理職」とは？

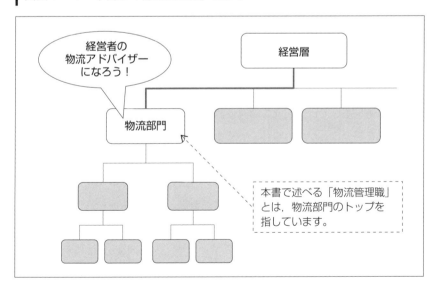

さて，今あなたはどのような物流管理職になろうと考えていますか？目指すべき「物流管理職像」が具体的に描けているでしょうか。それぞれの方が思い描く物流管理職像は，勤務する企業における物流部門の位置づけや本人の物流スキル，物流という仕事への思い入れなど，様々な要因によって異なってくると思います。本書においては，物流管理職のあるべき姿を「**経営者の物流アドバイザー**」になることとしています（図表1-1）。換言すれば，物流のプロとして経営者の右腕になるということです。なぜ物流アドバイザーになるべきかの理由や，管理者としてどのような考え方を持つべきかなどについて，以下に説明をします。

(2) 物流は高度化し続けている

物流が発展し，ロジスティクスやサプライチェーン・マネジメントという，より戦略的な概念が考案・導入されて久しくなりました。単に商品を右から左に運べば物流部門の役目を果たせる時代で無いことは，物流に携わる皆さんが良くご承知のことと思います。ロジスティクスとは，企業の調達から製造・販売に至るプロセスを統合して，全体最適を目指す考え方です。またサプライチェーン・マネジメント（SCM）とは，調達から製造・販売に至る一連の流れを担う複数の企業が連携し，市場の変化に合わせて供給全体の最適化を図る考え方です。ロジスティクスにしてもサプライチェーン・マネジメントにしても，「**全体最適**」がキーワードです。単に一企業の倉庫内の業務を工夫する「部分最適」の発想だけでは，現代の物流は語れません。物流管理職としては全体最適の発想を持つことが求められています。

物流という業務は過去に比べて戦略性が強くなり，最新のIT技術などを活用しながら，顧客に対する高いサービスレベルを実現できるようになってきました。これは，物流が高度化している状況と言えます。物流の高度化が進んでいる企業・業界も様々ありますが，我々の生活に身近な例を挙げますと，コンビニエンスストアの物流は非常に進んでいます。24時間365日常に新鮮な商品が店頭に並び，時間帯によっても品揃えを変えている様は，物流が高度化すれ

ばこそ成せる業です。セブンイレブンを例に取ると，納品頻度は弁当などの食品であれば1日に3回もの定時配送が行われています。同社の注文から店舗納品に至るリードタイムは短く，例えば昼食用の商品なら18時の発注締めからおよそ半日後の翌日8～11時に店舗納品される仕組みになっています。コンビニエンスストアの物流では共同配送がベースになっており，共同配送に関わる企業（物流センター運営企業，運送会社，卸売業者，メーカーなど）を巻き込んだ全体最適化が重要です。

セブンイレブンでは出店に関してドミナント戦略を採用していますが，これは一定のエリアに複数の店舗を集中して出店する方式です。ドミナント戦略には店舗ブランドの認知度向上や運営効率向上を初めとした様々な狙いが含まれているのですが，物流面でも大きな意味があります。店舗を密に配置すれば配送効率が向上すると共に，定められた納品時刻を守り易いなどのメリットが生まれます。物流現場の工夫だけに留まらず，企業全体の戦略に物流機能の活用を組み込むことは，企業に大きな利益をもたらします。コンビニエンスストアの物流は戦略性の高さと共に，物流が高度化していることを証明している好例です。

（3） 物流改革の余地は大きい

物流高度化に成功した企業が存在する一方で，現状維持に留まっている企業も存在しています。つまり，企業間で物流レベルの格差が生じている，もしくは格差が広がっている状況にあると言えます。物流管理職としては，他社の物流高度化の流れを常に意識し，自社の物流への応用可能性などを探る必要があります。他社の成功事例を耳にしたときに，「物流最先端企業の話だから，ウチの会社には関係ない」といった考えは捨てなければなりません。日頃の情報収集を怠らずに続けることで，企業間の物流格差による競争力喪失が無い様にすべきです。

しかし，先に挙げたような高度化を意識して物流戦略作り・物流改革に取り組んでいる企業の数はまだまだ少ないのが実態です。販売の付随業務として後

処理的な物流をこなし、混乱する多忙な現場を日々どうにか廻している企業が多いのも事実です。ただし物流高度化が進んでいないという状況は、見方を変えれば物流改革の余地が沢山残されているとも言えるのです。つまり、あなたの物流管理職としての活躍のチャンスは豊富にあるととらえることができます。

（4） 物流は経営にどう貢献できるのか

物流が経営に貢献できる分野とは何でしょうか？それは主に、

---
① コストダウンによる利益創出
② 新しいビジネスモデルと物流技術の組み合わせによる業績拡大

の2つの分野になります。

まず、1番目の「コストダウンによる利益創出」ですが、これは非常に古典的で明白な物流の使命です。程度や成果の差こそあれ、多くの企業が何らかの取り組みをされていることでしょう。ここで、物流コストダウンによる利益創出効果がどれだけ大きなものか、試算してみましょう（図表1－2）。

当然のことながら、利益とは売上高からコストを引いた差額です。ということは売上高を伸ばしても、コストを削減しても、いずれの方法でも利益は増やせるということです。

そこで、一つの企業を想定します。売上高100百万円、売上高利益率5％（5百万円）、対売上高物流コスト5％（5百万円）の企業A社があるとします。いまA社が物流コストを10％削減した場合、その削減額は0.5百万円になります。つまり、0.5百万円の利益が生まれたということです。

ではその0.5百万円の利益を売上増加で生み出すとしたら、どれだけ売上を増加させれば良いでしょうか。計算としては、利益0.5百万円を売上高利益率5％で割り算すれば、必要な売上増加額が10百万円と求められます。この増加額を率に換算すると、売上高の10％に相当します。

第1章　物流管理の真のプロになる

図表1-2　物流コストの削減効果

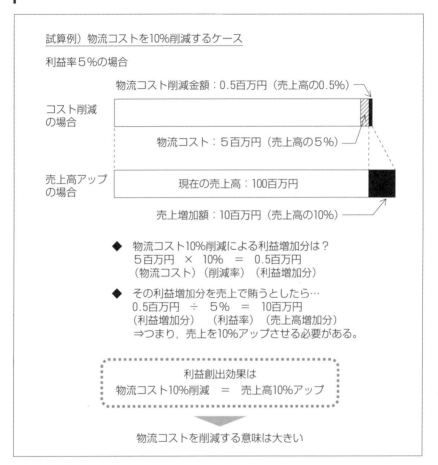

結果として，0.5百万円の利益を捻出するという意味では，物流コストを10％削減しても，売上高を10％増加させても，同じ効果が出せるのです。このように物流コストダウンの経営への貢献度は，とても大きいものです。現実問題として売上高10％アップの実現は，そう簡単ではないでしょう。一方で今まで物流改善に本格的に取り組んでいない企業ならば，物流コスト10％削減は決して達成できない数値ではありません。同じ効果が出せるならば，難易度が少

しでも低い方法に挑戦する価値はあります。

　2番目の「新しいビジネスモデルと物流技術の組み合わせによる業績拡大」ですが，例として有名なアメリカのデル社（旧社名はデル・コンピュータ社）のビジネスモデルを挙げたいと思います。デルはインターネット受注による直販を行うパソコンメーカーです。ライバルメーカーが一般的な既存の小売店流通チャネルを使用して販売をする中で，デルはインターネット直販を販売チャネルとしました。パソコンの製造については，各部品は世界中のベンダーから仕入を行い，デル自体は完成品の組立てのみ行います。生産形態は受注生産で，受注後5日で納品することを可能にしました。デルの短納期受注生産のビジネスモデルは市場に受け入れられ，結果としてパソコンの世界出荷台数でトップの座を獲得しました。特筆すべきは，各部品ベンダーや物流会社とのネットワークによる連結をベースに，高スピードで製品を調達・供給できるサプライチェーンを構築したことが，デルに成功をもたらした大きな要因だということです。まさに物流あってのビジネスモデルです。

（5）　物流とビジネスモデル

　物流からロジスティクスやサプライチェーン・マネジメントへと，新しい概念が生まれた話を既にしました。加えて，消費者がメーカーより強い力を持つようになった近年では，需要起点の「ディマンドチェーン・マネジメント（DCM）」の概念が生まれました。ディマンドチェーン・マネジメントとは従来の供給側の視点ではなく，需要側の情報を起点にした供給体制の構築・見直しを行う考え方です。こうした概念は，企業が変化する環境への適応のために生み出した，生きる知恵とも言えます。実際，今日のビジネスモデル創出のカギは，ディマンドチェーンで謳っているように，「**需要から発想する**」ことにあります。物流管理者は押さえておくべき考え方です。

　昨今の物流はコストダウンもさることながら，販売の付加価値を高める役割が求められています。デルの例に見られるように，物流は企業の付加価値創出にも大きく貢献できるものなのです。

もし新しいビジネスモデルを高度な物流の仕組みと共に構築できたなら，ライバル企業に対する大きな差別化が可能となるでしょう。何しろ物流はまだまだ改革の余地が残されている分野ですから，経営への貢献余地も多いと考えられます。前出のコンビニエンスストアやデルの様に，他社に先駆けた物流活用型のビジネスモデルを構築して業績を伸ばすことは大変重要です。物流管理職の腕次第で，企業経営に対する物流部門の貢献度を高めることが可能なのです。

2 遅れている物流改革

(1) ドラッカー「物流は暗黒大陸」

世の中の物流改善を進めている企業の数は，まだまだ少ない状況であると述べました。大手企業であれば物流費も莫大であり，各社とも本腰を入れて取り組みをしています。しかし特に中小規模の企業では，改善の余地を多く残しているように思います。未だに販売の後処理物流の域を出ない企業も多い様です。改善が進みにくい理由の一つとしては，物流に対する経営者の理解が進んでいないことが挙げられます。また，中小規模だとスケールメリットが出にくいので物流改善は不要，という思い込みもあるかも知れません。

皆様ご存知の著名な経営学者，ピーター・ドラッカーは，物流についてかつてこのように表現しています。

「物流とは，最後の暗黒大陸である」と。

その意味は，物流には未知で手つかずの点が多く，暗闇の中にあるということです。これまで企業が最も優先してきたのは，売上確保に直結する営業力や製品開発などの強化であり，後回しになった物流分野はいわば「最後の辺境」になっている，ということです。しかし逆に言えば，物流には開拓余地がある，とも言えます。

また早稲田大学の西澤脩教授はかつて**「物流は第三の利潤源」**と述べています。企業における利潤の源泉の重要度は，かつては第一に売上，第二に仕入・製造原価の低減でしたが，それらに続く三番目の要素として物流コスト削減が

挙げられるということです。前出のドラッカーの言葉もこの西澤氏の言葉も，同様の意味が込められているものと考えられます。

(2) 物流戦略を持つ企業

企業が生きていく上で，経営戦略は欠かせません。経営戦略とは「将来の構想と，それに基づく企業と環境の相互作用の基本的なパターンであり，企業内の人々の意思決定の指針となるもの」(「経営戦略」大滝精一他著　有斐閣アルマより) と定義されます。企業は，企業を取り巻く状況 (外部環境) や企業内の状況 (内部環境) に応じて，将来進むべき道を方向付けする必要があります。その方向付けが経営戦略であり，企業内の各人が様々な意思決定する際のよりどころとなるものです。経営戦略は大別すると，全社レベルの「企業戦略」と企業内の各機能レベル (マーケティング，生産，物流，等々) の「機能別戦略」に分けられます。上位概念である企業戦略を実現するために，各機能別の指針を定めたものが機能別戦略です。物流部門においては，機能別戦略の一つである**「物流戦略」**を立案し，実行することが求められます (**図表1-3**)。

物流戦略の例としては，ファッション業界のZARA (ザラ) の取り組みが参考になります。ZARAはスペインが本国のアパレル企業「インディテックス社」の一ブランドで，日本でも人気のあるファストファッションの世界ブラン

図表1-3　戦略の構成

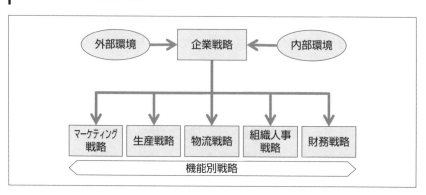

ドです。同社の2012年の売上高純利益率は14.0％と，非常に高い数値を示しています。

　ご承知の様にアパレル商品は季節性があり，商品のライフサイクルは非常に短いものです。一般にシーズンが進み売れ残った商品については，値引きセールによって在庫削減することになります。それでも売れ残りが発生することも多く，ファッション業界における在庫問題は非常に頭の痛い問題です。その点ZARAはシーズン内の売り切りを基本戦略としており，販売面でも在庫管理面でもサプライチェーン・マネジメントの徹底ぶりが功を奏しています。同社は店舗の販売・需要情報を常に収集し，素早く生産に反映させています。シーズン初めの在庫は３週間分程度と少なく抑え，必要な分は追加生産で対応しています。追加生産分のリードタイムは，生産開始から店頭まで15日という短納期です。また，ZARAの物流拠点は基本的にスペイン本国に集約し，日本にも倉庫は持たず，製品は航空便でスペイン本国から店舗へ週２回送付する方式を採っています。こうした需要起点でスピード重視の供給体制や，無駄な在庫を世界に遍在させない仕組み等により，売り切り型で在庫を無駄にしない戦略を採っています。このようにサプライチェーン・マネジメントを重視した物流戦略が，業績に大きな貢献をしていると考えられます。

（3）　戦略が無ければ物流は弱体化する

　この様に強力な戦略を持つ企業がある一方で，物流戦略を持たない企業では改善余地を放置することになるので，本来改善すれば得られるはずの利益も享受できません。つまり，機会損失が発生しているのです。物流が強い企業・弱い企業という位置づけは，あくまでも相対的に決まるものです。方針を持たず現状維持志向をしている間に，戦略を持っている他の企業は一歩二歩と先を行き，差が出来てしまうかも知れません。**物流戦略が無いということは，物流業務を現状維持するどころか，企業の弱体化につながる可能性もあるのです。**

　前出のZARA程の大規模で戦略的な物流の構築は簡単では無いとしても，各企業において採り得る物流戦略は様々あるはずです。少なくとも先進企業の

物流高度化傾向の下で，利用できる情報技術や物流サービスも新しく生まれています。そうした情報技術などを取り入れながら，物流管理職の考え方次第で新しい戦略を生み出すことは可能と言えます。革新的な物流戦略を打ち出すことは簡単ではありませんが，少なくとも物流を改善するための指針として，物流戦略は立てておくべきです。今出来ることから方針や目標を立てて，改善を始めましょう。例えば，現場改善で良く言われる「５Ｓの徹底」から始めるのも良いでしょう。５Ｓとは物流現場の生産性や信頼性を高めるための要素である「整理・整頓・清潔・清掃・しつけ」のことであり，５つの語の頭文字「Ｓ」を取って５Ｓと呼ばれます（詳しくは後述します）。

　戦略があればこそ，物流部門全体の力を結集して，目指す方向に進むことが出来るのです。

(4) 物流に対する誤解

　物流改革が進まない要因の一つとして，物流に対する誤解が一般に存在していることが挙げられます。

　まず，物流部門の組織的位置づけに関する誤解です。以前は，物流業務はどちらかと言えば販売の付随業務と考えられていました。一般に企業組織の中では，売上を直接的に作り出す販売部門が上位に立ち，その他の間接部門は下位に位置づける傾向が強くありました。企業の中には，営業で成績の上がらない人を物流部門に左遷するという習慣を持った所もありましたが，これでは物流部門に良い人材が集まるはずがありません。こういった組織序列の考え方は，モノが売れる時代に行っていた，押し込み型（プッシュ型）販売をベースにしたものです。需要が供給を上回る時代には基本的には商品供給が十分にできれば売上を増やすことができたので，それで話は済んだのかも知れません。しかし需給が逆転してモノが売れなくなった現代には，プッシュ型を前提にした過去の考え方は通用しません。企業は複数の部門がそれぞれの力を発揮しつつ企業全体として統合され，初めて市場に対して強みを発揮することができるのです（これをバリューチェーンと呼ぶ）。

図表1－4 「物流の問題」の発生要因の例

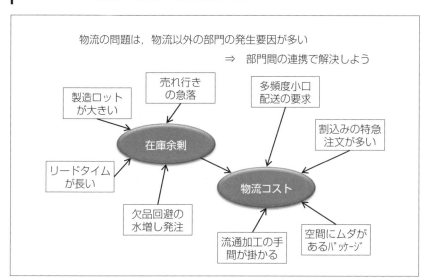

　物流改革を停滞させる原因に挙げられるもう一つの事項が，「物流の問題は物流部門だけで解決すべき」という考え方です。「物流の問題は物流部門が解決するのは当たり前だろう」と疑問に思った方もいるかも知れません。しかし，それは一部正しい考えですが，一部は誤っています。

　例えば，在庫が年々増加している企業があるとして，その増加原因として何が考えられるでしょうか。余剰在庫とは「需要と供給のギャップ」により生まれたものです。ではその需給ギャップの発生原因は何かといえば，**図表1－4**に挙げた様な市場の要求や需要の変化，あるいは部門ごとの事情優先，といった要因なのです。在庫を発生させているのは，一般には物流部門ではありません。多くの場合，物流部門は供給量を自由にコントロールする権限はありませんし，まして市場需要をコントロールできるはずが無いのです。在庫は，「需要予測に基づいて生産や仕入を行い，販売する」という一連の企業活動の結果であり，在庫増加には全社的に（あるいは企業間連携を用いて）取り組む必要があるのです。

また販売に関わる物流コストも，その発生原因は物流部門では無く販売部門の顧客サービスのあり方に由来することがほとんどです。例えば，購入数量が少ないのに多頻度小口出荷や頻繁な返品を要求する顧客の言うことを際限なく受け入れていたら，物流コストは上昇してしまうでしょう。もちろん物流部門に管理義務はありますし，作業効率を高める努力は必要です。

　このように，**在庫や物流コストの管理主体が物流部門であるからと言って，原因や改善を物流部門だけに求める「問題の矮小化」では，問題は解決しません。全社意識が不足している**のです。だからこそ，ロジスティクスやサプライチェーン・マネジメント，ディマンドチェーン・マネジメントという考え方が必要とされるのです。ただし，上記の様な物流に対する誤解を解いていくことは，物流管理職に求められる仕事の一つだと私は思います。そのためには物流管理職の知識を背景にした他部門への説得力も必要になってきます。

　先頭に立って物流を改革・推進していける強力な「物流リーダー」が一人でも多く活躍することは，企業にとって好ましい結果をもたらすことは間違いありません。

(5) 「成り行き管理」の企業

　ここで，改めて「物流管理」とは何をすることかを考えてみたいと思います。物流管理を定義付けするならば，「目標とする品質・コスト・納期を実現するために，物流オペレーション（運用）の計画・実行・統制を行うこと」となります。生産管理では**品質・コスト・納期は，「需要の3要素」**と呼ばれていますが，物流オペレーションを管理するにあたっては，品質を高めながらも，コストをできるだけ低く抑え，納期も短くする，という3つの要件を「バランス良く」実現することが大事です。一般に品質を高めるとコストも上昇することが多く，品質とコストはいわゆるトレードオフの関係になるので，品質もコストも同時に最適化するのは簡単ではないからです（図表1-5）。

第1章 物流管理の真のプロになる

図表1-5 需要の3要素

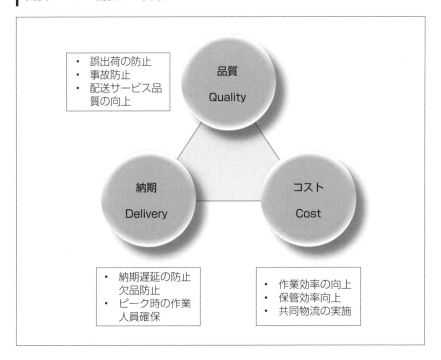

　物流管理の手順は概ね次の通りになります。

　①まず需要の3要素について目標設定を行います。例えば、品質面では誤出荷率などの指標値をどのくらいに抑えるか、コスト面では物流費をいくらに抑えるか、といった数値化目標を立てていきます。

　②次にその目標を達成するための現場運用計画を作成します。例えばピッキングなどの作業工程を変更したり、倉庫レイアウトを変更するなど、目標に向けた計画を立てます。

　③そして計画を実行に移し、計画と実際のギャップがあればそれを埋めるための統制を行い、必要に応じて計画を修正します。

　このように**管理を計画的に行い、「成り行き任せ」にしない**ということが重要です。物流管理が行き届いているということは、すなわち計画・実施・統制

のサイクルを回しながら，需要の3要素の目標を実現しているということなのです。

　ところが，物流管理が十分に行われていない企業では，日々の入出荷を処理するだけで手一杯になってしまいます。受けた注文の出荷をただ毎日こなそうとするものの，現場の処理能力が不足して決められた納期通りに納品ができないなど，顧客へのサービスレベルが低下します。こういった状況は，計画・実施・統制を行っていない「成り行き管理」が常態化していることで起こり易いものです。物流が顧客サービスの一環であることを考えれば，物流部門のオペレーションミスが顧客離れを引き起こす原因になります。もし遅配や誤出荷の発生が常態化し，問題が発生する度に物流管理職が営業部門に謝っている状態が続くようなら，これは会社にとって危険信号です。重要なことは，まずは物流管理職が計画性を持つことです。そして，計数能力など技術的な能力を発揮することはもちろんのこと，計画をやり切る意思を持ち，計画と実際の乖離をしっかりと把握して是正することです。精神論を持ちだすつもりはありませんが，強い意志で改革や改善を行う人間力は，経営トップであれ部門長であれリーダーの必須条件と言えます。

3　経営者の「物流アドバイザー」になろう

(1)　経営者が考えていることを知る

　ここで経営者の役割を考えてみましょう。経営者の役割は，会社を継続的に発展させることです。投資家から集めた資本を基に投資を行い，売上をあげて利益を獲得し，その利益を再び投資に充てる，と言った投資の循環を繰り返しながら更なる発展を目指すことです。経営者は会社全体のあらゆる部分に目を届かせて，投資の循環がうまく回って行く様にしなければなりません。物流の場合の投資とは，例えば物流センター建設や配送網の構築，在庫および配送管理システム構築，等々が挙げられます。物流投資から得るべきものは，物流サービス強化による顧客満足度の向上や，物流オペレーション効率向上による

コストダウン等々を通じて，最終的に得られる「利益」となります。

　しかしながら，世の中で物流に明るい経営者の数はそれ程多くないと，私の経験上感じています。一般に経営者は物流の経営貢献の可能性については良く知りません。経営者の経歴をみると，営業系または技術術系出身者が多いことも影響しているのでしょう。冒頭でも述べましたが物流は「暗黒大陸」「第三の利潤源」の言葉通り，経営者の中での物流の順位付けは一般には低くなりがちです。「販売がうまくいっていれば，後は物流については問題さえ起きなければ良い」と考える経営者も多いようです。

　また，物流に一定の理解がある経営者であっても，物流改革に回せるだけの資金的余裕が無いケースも考えられます。特に中小企業においては手元に資金があった場合，投資の優先順位は商品開発投資や製造設備の更新，販売力強化に向けた営業人員増強など，物流以外の部分に振り向けられることが多いと考えられます。

（2）経営者を物流面で支えるのはあなた

　そこで，もしあなたが物流プロフェッショナルの管理者として，経営に対する物流改革の重要性や可能性を経営者にわかり易く説いて，的確なアドバイスが出来るとしたなら，多くの経営者はあなたを頼りにすることでしょう。つまり，あなたが経営者の「物流アドバイザー」になり，経営者を動かして物流改革を推進して，企業を変えていくのです。自ら物流戦略を立てるのはもちろんですが，最終的にビジネスモデル構築にも深く関与する様になれば，物流キャリアとしては最高レベルに到達したと言えるでしょう。

　さて物流アドバイザーになるためには，何を心がければ良いのでしょうか。詳しくは次章から説明していきますが，ポイントとして下記の項目などが挙げられます。

> ① 「経営の中の物流」という視点　　④ IT知識
> ② 人を動かす力　　　　　　　　　⑤ 社会動向の把握
> ③ 計算・分析力　　　　　　　　　　　　　　　・・・など

　まず重要な点は①「**経営の中の物流**」という視点を持つことです。必要なのは，経営者と物流現場の間に立って，経営を物流面から戦略的にサポートすることです。

　世の中には物流現場に非常に詳しい方がいます。突き詰めて研究する程に物流とは面白くなるもので，中には物流マニアに近い方もおられるようです。そういった現場知識に精通していることは一定の評価ができることですが，物流管理職の場合はマニア的な近視眼では役目を果たせません。サプライチェーン・マネジメントが重要視される今の物流において，部分最適化に留まってはいけないのです。先に述べた様に，物流戦略は企業戦略の実現を図るための一つのパートを担っています。従って，物流管理も常に企業全体を念頭に置いて行う必要があります。物流と言う枠にとらわれ過ぎて，物流現場の一部分だけを見ていては本当の物流管理職にはなれません。企業経営を強化するために物流を管理する，という考えが必要です。

　また，②経営上層部や他部門を巻き込んだり，現場に影響力を与えたりできる「人を動かす力」もベースとして必要です。加えて，近年の物流を考える上では，③計数・分析力や④IT知識に長けていることが物流管理職に求められています。さらに，様々な⑤社会動向にも十分目配りしておく必要があります。例えば，地球環境問題，少子高齢化，インターネット通信販売利用者の増加，TPPなど国際化の進展，主にアジア地域への生産拠点の海外移転，など物流に影響を与え得る問題が近年増加しています。**物流管理において考慮すべき事柄は増えて来ている**のです。つまり，今の時代に物流管理職としてのキャリアを磨くためには，勉強と情報収集を継続して行っていく必要があるのです。

　次章以降，「経営者にアドバイスできる物流管理職」になるために必要なことを細かくお伝えしていきます。

第2章 物流管理職に必要な「考え方」

1 物流マーケティング思考を持つ

(1) 物流＋マーケティング

さて，本章では物流管理職に必要な「考え方」について述べていきます。

その必要な考え方の最初にお伝えするのは，物流とマーケティングの関係です。あまり馴染みの無い考え方かもしれませんが，**物流とマーケティングとは，密接な関係にあります**。マーケティング学者のコンバースは，かつて「物流はマーケティングのもう半分である（the other half of marketing）」と述べています。物流とマーケティングの関係性について，ぜひ理解しておいて下さい。

まずマーケティングとは何かを説明します。マーケティングの言葉の定義は様々ありますが，簡単に言えばモノやサービスが「売れるための（買ってもらうための）仕組み作り」のことだと言えます。モノやサービスを買ってもらうためには，顧客のニーズを満たして満足を得てもらうことが必要になりますが，マーケティングとはその顧客満足を継続的に獲得していくための活動と言えます。

一昔前の日本では売り手が良いモノを作れば売れたこともありましたが，それは需要量が供給量を上回っていたからです。現在の物余りの時代には，基本的に買い手が主導権を持っています。その主導権を握る買い手を満足させるためには，全社的な取り組みが必要になってきます。もちろん，企業のマーケティング部門は「買ってもらうための仕組み」を構築する旗振り役に間違いないのですが，マーケティング部門だけでその仕組み作り全てを行うことはできません。物流部門もマーケティング活動に加わる必要があります。

物流とマーケティングの関わりについて例を挙げると，インターネット通信

販売大手のAmazonでは，物流サービスがマーケティングの鍵を握っています。Amazonの強みは品ぞろえの豊富もさることながら，配送のスピードも顧客を引き付けるポイントになっています。また配送料が無料ということも，他社との差別化ポイントです。この様に物流面の利便性が買い手の満足を獲得している一因と考えられます。つまり，物流がマーケティングの一端を担っているわけです。この様に考えると，物流管理職がマーケティングへの理解を一定程度持っておく必要性について，ご理解頂けるでしょう。

マーケティングの「買ってもらうための仕組み」をより具体的に説明します。まず，売る対象となるターゲット顧客を決め，そのターゲットを満足させるための適切な製品や商品（Product）・価格（Price）・販路（Place）・販売促進（Promotion）を考え，提供していくことになります（この4つの要素は頭文字を取って，「4P」あるいは「マーケティング・ミックス」と呼ばれています）。

例えば化粧品メーカーのマーケティングを考えてみましょう。まずターゲットについて，性別は女性か男性か，年齢は若年か中高年か，所得レベルは高所得か否か，等々の切り分けをしながら決めていきます。もし高所得層の中高年女性をターゲットにした化粧品を販売するなら，先ほど述べた4Pの要素もターゲットのニーズに合わせる必要があります。商品は高級感を持たせ，価格

図表2-1　マーケティングと物流の関連性

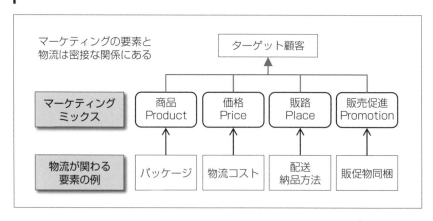

を高価格帯に設定，販路はコンビニエンスストアではなく百貨店とし，販売促進活動では有名女優をキャラクターに使う，といった具合です

さて，今度は４Ｐの要素と物流との関連を見てみましょう（図表２−１）。

① 「製品」

製品の化粧箱を含むパッケージングは，輸送中の製品の保護と関係しますし，トラック積載効率や保管スペース効率とも関係します。

② 「価格」

物流コストも製品販売価格設定に当然影響します。

③ 「販路」

製品を顧客に届けることは，販路と関係しています。とりわけインターネット通信販売が盛んな現在では不特定多数の消費者へ製品を配達するため，物流処理能力が低ければ消費者への直接販売という販路を維持できなくなってしまうでしょう。また，顧客の指定する納品方法に対応することも，広い意味の顧客満足という観点でマーケティングの一部と言えます。かんばん方式をとる顧客への納品体制構築，百貨店特有の納品方法への対応，などがこれに当たります。

④ 「販売促進」

懸賞などを通じた商品購入者へのプレゼントを届けるためには物流が必要です。流通加工によってノベルティグッズを製品に取り付けることもあります。

また，販売戦略においても，物流は重要な役割を果たしています。前出のデル・モデルなどは「物流＋ダイレクトマーケティング」の一体化により生み出された，サプライチェーン・マネジメントをベースにしたビジネスモデルです。

この様に考えていくと，マーケティングと物流は密接な関係，もしくはマーケティングの一部であることがお分かりいただけるでしょう。現代では，マーケティングとの関係性を意識しながら，物流を考えることが必要な時代になっているのです。違う見方をすれば，物流管理職に対してもマーケティング視点を持つことが期待されているのです。販売部門の指示通りに物流作業だけを忠

実に行っていても，物流部門の評価は高まりません。物流への期待値は高まっているのです。

（2） 市場・需要志向の物流

　第1章において，経営戦略は企業の外部環境と内部環境（まとめて「経営環境」と呼ぶ）に応じて，将来の方向付けを行うものであると述べました。この経営環境は，時間の流れと共に変化します。「企業は環境適応業」という言葉もある通り，変化する環境にいかに上手に対応していくかが，経営の最重要ポイントです。

　さて，環境適応とは実際には何をすることなのでしょうか？端的な言い方をするなら，徹底して市場志向になることです。つまり，需要（ニーズ）を起点にして，企業の行動を決めることです。現代はマーケティング発想，つまり**ニーズ志向**が企業に必須な世の中ですから，物流部門も例外ではありません。**物流部門も率先してニーズ対応能力を高めなければなりません**。ここで，ニーズに物流で対応して成功した企業の例を挙げてみましょう。

　例えば，オフィス文具販売のアスクルです。アスクルが誕生したのは1990年代です。今でこそ通販の翌日配達は珍しくありませんが，当時アスクルのサービスは利便性・スピード感において先進的でした。その社名の由来にもある通り（「明日来る」からアスクル），注文の翌日配送を売りにして販売を伸ばした企業です。アスクルが登場する前，企業がオフィス文具を調達する方法と言えば，文具販売会社の営業員が定期的に各オフィスを訪問して注文を取り，後日営業員が納品する様なスタイルでした。急ぎの調達は，文具店に出向いて買ってくるしかありませんでした。そういった文具調達のスタイルを変えたのがアスクルです。各企業に配布したカタログから商品を選んで，注文すれば翌日には配達されるというものです。翌日配送の仕組みを作った物流部門の努力は1990年代前半の当時にしてみれば並大抵のことでは無かったはずです。しかし，翌日配送という「ニーズ」に対応する（または翌日配送ニーズを創出する）という企業戦略の下で，物流能力を磨いていったということです。

通信販売のスピード感で言えば，現在ではAmazonの様に即日配達が可能なサイトも増えています。さすがに当日配達は大企業の様に企業体力や交渉力が無いと実現は難しいことですが，翌日配送については普通の時代になっています。今の時代に長いリードタイム設定や不明確な納期では，競争力は劣ってしまいます。市場は通信販売にスピードを求めている。それが今のニーズであり，物流部門が即納に対応する仕組みを作り上げなければならないのです。

また納期だけでなく，送料についても低めに設定したり，購入額に応じた無料化などの工夫をしないと，消費者は魅力を感じないでしょう。

他にも物流サービスに対する様々なニーズが存在するので，物流管理職はそういったニーズを普段から収集し，サービスとして実現する努力が必要です。それが，市場・需要志向の物流であり，業績向上に寄与するのです。

(3)「物流ありき」ではない

さて，市場・需要志向の物流が必要ということは，ニーズの変化に合わせて物流部門も変わっていかなければならないということです。変化に対して物流オペレーションを柔軟に対応させていくという姿勢が必要です。

しかし，物流の現場というものは比較的「守りの姿勢」になりがちです。なぜなら，古典的な物流の使命としてコストを増やさないこと，また誤出荷や遅配など品質を落とさないようにすること，など「失敗をしない」ことが第一に求められてきたからです。このような失敗を起こしてしまうと，物流部門の評価は下がってしまいます。物流に対する評価は，「失敗しなくて当たり前，失敗すれば減点」という減点法の評価をされがちです。ですから，新しい要求に対応することは現場の作業に変化を起こし，ミスにつながる可能性を高めるものとして，敬遠されがちです。

そうは言っても，市場・需要の変化に対して全社的に足並みをそろえて「攻めの姿勢」で対応しなければ，企業の競争力は低下します。物流部門としては，新しい要求を受け入れつつも失敗しないこと，という課題に挑戦しなければなりません。ですから，あなたが物流管理を行う上で，物流オペレーションを維

持することだけ考えていては，物流アドバイザーとは言えません。物流管理職は挑戦するマインドや部下をけん引するリーダーシップなど，攻めの姿勢を持ちましょう。同時に，失敗防止の仕組み作りを行う知恵や経験，を持たねばなりません。

　物流管理職自身が守りから攻めの姿勢に転じるには，物流管理職という今の自分のポジションから一段上の，経営者目線になってみることが必要です。物流だけ見つめる「近視眼」から離れ，より高い次元に視点に移すことが求められます。「**自分が経営者だったら物流部門に何を求めるか**」という立場の入れ替えを頭の中で行ってみると，物流が何を成すべきかが見えてくると思います。

（4）　標準化とは何か

　さて，「失敗をしない」という話をしましたが，それに関連して「標準化」にも触れておきます。物流業務では多くの場合，作業を標準化することが要求されます。その理由は2つあります。1つはコストダウン，もう1つは品質の維持・向上のためです。

　作業を標準化，つまり常に一定のルールに従って同じ作業手順を繰り返すことにより，作業員の習熟度が高まります（経験曲線）。習熟度が高まることで作業に無駄な動きが無くなりスピードも速くなるので，単位時間の処理量が増加して，処理単位当たりのコストは低減します。これが標準化によるコストダウンです。

　また，作業管理において必要なのは，誰が行っても同じ結果が出ることです。作業が標準化されれば，作業の出来栄えについて作業者間のバラツキが少なくなるので，誤出荷や作業の遅れなど物流品質の低下を防止できることになります。これが品質の維持・向上です。

　ただし，標準化によりルールを守ることを現場に強いる余り，物流組織全体が硬直的になってしまうことは避けねばなりません。例外を受け入れない姿勢が根本にあると，企業としてのサービスレベルを下げてしまうことにもなりかねません。お客様というものは，基本的にわがままなものです。営業から「お

客様の急な注文に対応して出荷して欲しい」などイレギュラーな要求を，あなたも様々ご経験されたことでしょう。イレギュラーな要求をどこまで受け入れるのかは，市場志向面とコスト・品質面とのバランスで判断しましょう。

2　戦略思考を持つ

(1)　「戦略的」に考える

　第1章において経営戦略とは，環境を見据えた企業の進むべき方向付けである，と述べました。ここでは「物流戦略」について述べたいと思います。

　さて，ビジネスにおいて「戦略」や「戦略的」といった言葉が良く使われていますが，「戦略的」とはどのようなことを言うのでしょうか。様々な解釈・表現があると思いますが，良く引用される孫子の「敵を知り己を知れば百戦危うからず」という言葉は，戦略的な考え方を端的に表しています。ただビジネスの場合，顧客を知ることが敵（つまり競合他社）を知る以上に大切です。ビジネス用に言い換えれば，「市場ニーズを知り，競合を知り，自社を知れば百戦危うからず」となるでしょう。また「己を知る」ということは，自社の強みと弱みを把握するということです。まとめると，**ニーズ・競合・自社を知って，自社の進むべき道と戦い方を決めること**が戦略的なわけです。この考えは，経営コンサルタントが使用する「3C分析」というフレームワークと合致します。3Cとは，顧客（Customer），競合（Competitor），自社（Company）の頭文字を取ったものです。

　なおフレームワークとは「思考の枠組み」のことです。上記の様な枠組みを使えば，物事を考える際に必要な要素を漏れなく，かつ重複することなく拾うことができます。また，考える度にゼロから発想しなくても済むようになります。

　同様の考え方として，ビジネスパーソンに比較的良く知られているSWOT分析というフレームワークもあります。SWOTとは，強み（Strength）・弱み（Weakness）・機会（Opportunity）・脅威（Threat）の4つの頭文字を取ったものです（**図表2-2**）。強みと弱みは自社の内部環境であり，機会と脅威は顧客

や競合を含めた外部環境となります。企業の方向性は，大局的には自社の強みと事業機会の組み合わせを主体として決まるものです。その大局的な方向性の中で，弱点をどう克服するのか，あるいは自社の成長をおびやかす脅威にどう向き合うのか（基本は回避），を考えることが企業の戦略を立てる基本となりま

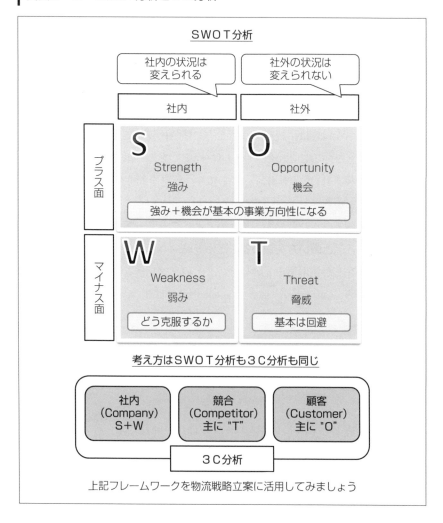

図表2-2　SWOT分析と3C分析

す。

　さて物流管理職は、どのように物流戦略を考えれば良いのでしょうか。物流分野においても「戦略的」に考えること、つまり外部・内部の視点で分析することになります。自社の物流の特徴をつかむと共に、顧客動向としてどのような物流ニーズがあるのか、またライバル企業との比較（ベンチマーク）を行うなど、環境を分析して物流部門の方向づけを行います。

　例えば、先に述べた「需要の３要素」で考えてみましょう。需要の３要素とはQCD、つまり品質・コスト・納期でした。観点としては、例えば競合他社と比べてよりコスト面で優位なのか、納期面で他社よりスピードで優れているのか、などです。品質面は、一般的なこと（誤出荷が無い等）は出来て当たり前と考えられるので差別化要因にはなりませんが、新たな物流サービスを開発して高品質で提供できるなら、差別化になるでしょう。

　ちなみに強み・弱みとは、顧客側の知覚をもとに決まるものです。自社で強みを認識できても、顧客から見て魅力が無ければ強みになりません。また、強み・弱みは相対的に決まるものです。自社のサービスが程々のレベルに留まっていても、競合他社が低いサービスレベルであれば、強みと捉えることもできます。

　現在の**物流戦略は、上位概念の企業戦略と一体化した「ビジネスモデル」として、戦略を形成している**ケースも増えています。第１章で説明したセブンイレブンのドミナント戦略や、デルのサプライチェーン戦略などはその例です。

　物流戦略を立てるのは、経営層や経営企画部門だけではありません。物流管理職であるあなたも参画する必要があります。物流アドバイザーであるあなたは、企業戦略を後押しするための方策として、物流機能をどう活用するか考え、経営層にアドバイスしていかねばなりません。

（２）　経営資源（人・物・金・無形資源）の認識

　戦略を考える際に欠かせない要素として、「経営資源」があります。ご存知の方も多いでしょうが、それは「人・物・金・無形資源」の４つです（**図表**

2-3)。経営に必要な資産，と言い換えても良いでしょう。

> - 「人」・・・人材のこと。役員，従業員
> - 「物」・・・建物・工場・生産設備など，企業内にある様々な物的資源
> - 「金」・・・現金・有価証券など
> - 「無形資源」・・・システム内に蓄積されたデータ・情報，経営ノウハウ，企業の信用力，ブランド力など目に見えない資産

なお，無形資源の代わりに「情報」を挙げる考え方もありますが，本書では広く無形資源ととらえる方が良いとしています。

経営とは，「企業が手持ちの経営資源を使って利益を獲得する作業を繰り返しながら，成長・存続していくこと」ととらえることができます。そのためには，経営資源が競合他社に勝っていることが必要です。「勝る」とは量と質の2面で評価します。人で言えば，従業員数や従業員の能力です。従業員数は多ければ良いわけではありませんが，人材が豊富にいることは強みに成り得ます。また質の面では，優秀な人材を集めたり教育したりして，少数精鋭で経営するという考え方もあります。いずれにしても経営資源は企業の強みの源泉となるものです。

物流戦略を考える上でも，上記の4つの資源を獲得し，活用することを念頭に置きましょう。

さて，企業戦略においても物流戦略においても同じことですが，**経営資源を活用して効率良く収益を生み出す**ことを考えなければいけません。具体的には，経営資源の内「金」を投資して，優秀な人材の獲得，優れた生産設備や他社に勝るノウハウの蓄積などを行い，生産や販売を通じた売上・利益の獲得を行うことです。

この様な投資を行う際に気を付けるべきポイントは，①投資効率を高めることです。利益の見返りが少ない投資を続ければ，資金の不足を引き起こしかね

第2章 物流管理職に必要な「考え方」

図表2－3 経営資源

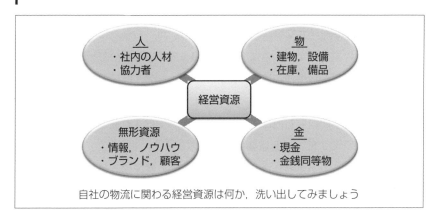

自社の物流に関わる経営資源は何か，洗い出してみましょう

ません。よって，物流管理職としても投資効率は重視しておかなければいけません。例えば，設備や人の稼働率が低い状態は投資効率を下げることになります。未使用の保管設備や搬送設備がある，人員の手待ちが多い，などの状態です。

また，②自社の経営資源の善し悪しを評価する際は，経営資源の量と質の両面で捉える必要があります。たとえば人材であれば，量の面で物流現場に大勢の人を投入することで，大量の物量を処理することが可能になるでしょう。しかし作業の習熟度が低い人ばかりたくさんいても，生産性が低くなったり，また品質が悪く顧客のクレームの基になるかもしれません。優れた人材の採用や人材教育による能力向上を行うことで，人的な質の向上が図れることになります。

経営資源は，自社で全て抱える必要はありません。外注の活用，つまり**アウトソーシングによって他社が提供する資源を活用し，自社の足りない資源を補完する**のも一つの方法です。例えば，自社物流の運営が経営上の大きな負担になっている場合，サードパーティー・ロジスティクス（Third Party Logistics，略して3PL）を活用することなどです。また，共同物流の様に他社の資源と組

み合わせて，参加企業同士の資源の有効活用を図るのも一案です。

　アウトソーシングを行う上で気を付けなければいけないのは，自社のコア能力までもアウトソースしないことです。基本的に自社の強みとなる資産・ノウハウなど利益の源泉になるものは，外部に出してはいけない部分です。

　物流業務を内製から外注に切り替え，サードパーティー・ロジスティクスなど外部に委託する場合でも，人事問題の発生や期待した効果を得られないこともあります。人事問題としては，自社の従業員の受け入れ先確保や残留する人員のモチベーション低下の問題発生が考えられます。また，「アウトソースしたらかえってコストが上昇した」ということもあり得ます。外注先の変動費単価には注意してアウトソースを考えましょう。アウトソースした直後はコストが減ったが，物量が一旦増え始めたら逆にコストが高くなった，という事態も発生しかねません。

　外注する・しないの判断時には，物量の変動を考慮した十分なシミュレーションを行うと共に，メリット・デメリットをしっかり分析しましょう。

(3)　部門横断的思考が物流問題を解決する

　前章でも述べましたが，物流の問題は販売部門や生産活動など他の部門の活動によって発生することが非常に多いです。従って現在の物流では，社内の各部門との連携によって問題を解決することが求められています。別の言い方をすれば，「部門横断的思考」が必要なのです（図表2-4）。

　しかし多くの会社では，物流部門の問題を全社で解決すると言う発想はまだ少ないのではないでしょうか。そもそも「物流の問題を物流以外の部門が発生させている」と考える人は少ないでしょう。また，そう考えたとしても，「ただでさえ忙しいのに仕事を持ち込んで欲しくない」等の意識もあるでしょうから，部門連携がスムースにいかないことも多いと思います。

　この様な当事者意識が不足している状態では，物流管理職としては他部門を巻き込むことは極めて困難です。だとしたら，一足飛びに全社的取り組みを進めようとせず，ステップを踏んで少しずつ前進することを考えた方が良いで

第2章　物流管理職に必要な「考え方」

図表2-4　部門横断的思考

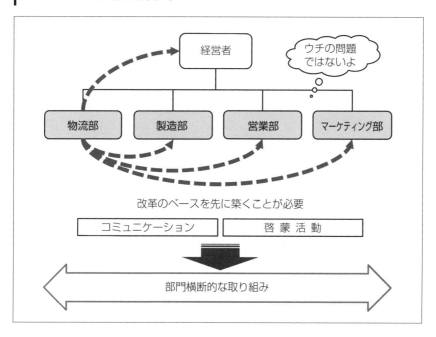

しょう。急な改革は余計な抵抗を生むだけになってしまいます。そこで、物流管理職として行うべきことを大きく2つ述べたいと思います。

① 協力関係の構築

1つめは、他部門との人間関係の構築を行うことです。ベタなお話ですが人と人との関係を良好にしておくことが、改革への抵抗感を少しでも緩和するために生きてくるものです。**人はなかなか論理だけで動かない**ものです。たとえそれが会社にとって良いことであっても、簡単には行動を起こしてくれません。まして普段交流の無い人から改革に協力するよう求められても、すぐに協力的にはなれないでしょう。

物流部門など間接部門の方はどちらかというと営業の様な対人関係構築力を得意としない方も多いかと思います。それ自体が良い悪いと言う話ではありません。他人の協力を得ようとしたら人間関係作りに取り組みましょう。人間関

係構築の方法については，後の章でも述べます。

② 社内啓蒙活動

2つめは，社内における啓蒙活動です。**物流部門が果たせる役割を，しっかり社内に伝えましょう。**伝える方法としては，社内の全体会議でプレゼンテーションの機会をもらう，あるいはあなたが既に部門長であれば，他の部門長との物流業務に関するコミュニケーションを頻繁に取ることなどです。

この時重要なのはロジスティクスの観点，つまり全体最適の視点で話をすることです。旧態依然とした物流のイメージを持たれていては，社内連携で物流問題を解決するなど考えてはくれないからです。物流が販売の後処理部門と思われている会社であればなおさら，このような啓蒙活動は必要です。

また，「物流改善は物流部門のためだけに行うものではない」ことも伝えましょう。例えばコスト削減に成功すれば，それは全社の利益拡大なのです。下世話な話ですが，従業員の給与やボーナスアップにもつながるかも知れません。**「物流改善で得をするのは物流部門だけ」という大きな勘違いは払拭していきましょう。**先程から例に挙げている，物流戦略で成功した有名企業の事例も交えながら，地道に啓蒙活動をしていきましょう。そうすることで，改革の意義が組織に浸透しやすい状況を作っていきます。

もちろん，その啓蒙活動の対象には経営者も含みます。最終的には経営トップが部門間で協力するよう，「公的権力」によって命令しなければ，改革は途中で頓挫してしまいます。他部門を当事者として巻き込むためには，経営者自身に全体最適の発想を持ってもらう必要があります。

実際に私は，これらの方法を実践して物流改革を成功させたことがあります。以前，私は物流管理職としてある企業に中途入社したのですが，主に営業部門が物流改革に消極的でした。そこで，人間関係構築から入り，社内セミナーなど啓蒙活動の実施を行い，経営トップにも改革の主旨を説明するというステップを踏み，最終的に公的な物流改革の権限と社内の賛同を得ることが出来ました。そして，在庫削減や物流拠点統合の実施段階においても，社内の協力を得

ることが出来ました。

現在の物流はサプライチェーン・マネジメントに見られるように、**社内の部門横断はもとより社外へと協力関係を拡大し、全体最適化を図る**ことが重要になっています。そうした全体最適の調整役は、物流管理職の大変重要な役割となっています。

（4） リスク対応を重視する

たとえ実現性が高く利益につながる戦略を立てたとしても、危機対応が手薄であれば、偶発的な要因などにより企業がダメージを受けてしまう可能性はあります。そこで、**リスクを軽減する**という思考が必要になってきます（図表2-5）。戦略による「攻め」の姿勢は必要ですが、リスク回避や軽減策を立てるという「守り」の対策も、戦略の中に盛り込んでおく必要があります。それが、BCP（Business Continuity Plan）です。日本語では「事業継続計画」と呼ばれています。近年、BCPという言葉を耳にする機会も多くなりました。

企業におけるリスク軽減策は、災害に対する備え、情報漏えい対策、犯罪への備え、投資代替案の準備、為替予約やオプション取引などのリスクヘッジ、など様々考えられますが、ここでは物流に密接なリスク軽減策を取り上げます。

---

① 災害発生への備え
② 個人情報など情報漏えい対策
③ 犯罪への備え

---

① 災害発生への備え

皆さんご承知の通り、阪神大震災や東日本大震災など、日本は広範囲の地域で地震にからんだ災害が起きる可能性があります。また地球温暖化の影響とも言われていますが、過去には無いほどの集中豪雨による災害も発生しています。一旦災害が起きると、道路や鉄道などの物流経路が分断されたり、また物流拠

図表2-5 リスク対応

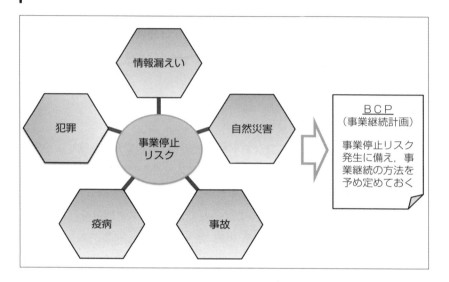

点も損壊する可能性があります。そうした観点で考えると，国内の複数地域に倉庫を持っている企業の場合はリスク分散ができ，いずれかの倉庫で業務を継続できる可能性はあるわけです。一方，1か所の倉庫だけで運用している場合は事業継続リスクが高まります。しかしこの場合でも，耐震補強や商品落下防止策を施すなど出来る限りの処置はできるはずです。

また3PLなど外部委託倉庫の場合は，災害時に別の地域の倉庫を部分的にでも利用させてもらえるよう，BCPの取り決めを作っておくことが必要です。

ちなみに3PLの場合，災害時には社会的に必要とされる救援物資，例えば食料品や医薬品などを優先的に出荷することがあります。緊急度の低い商品は，後回しになるかも知れません。そのことは認識しておきましょう。

また，冷蔵・冷凍や湿度管理が必要な商品の保管施設については，災害時に送電がストップして製品在庫がダメージを受ける可能性もあります。停電に備えて自家発電機を用意したり，冷却バックアップ装置として二酸化炭素を使用した装置を用意するなどの対策が必要になります。

② 情報漏えい対策

情報漏えいの問題がニュースになることが多い昨今ですが，特に消費者相手の物流を行う企業としては，個人情報保護に神経を使っていることでしょう。特に通販など，毎日大量の受注データと共に住所・氏名などの個人情報データが物流システムにも流れてきます。インターネット回線を経由した外部からの不正アクセスなどに対応した，技術的なセキュリティ対策はもちろんのこと，内部の従業員による個人リスト持ち出し等の不正をさせないための対策も重要です。

情報系の対策としては，下記が考えられます。

- プライバシーマークの取得を通じた社員教育の徹底
- 入退室時の持ち物検査実施（USBメモリ等）
- コンピューターへのアクセス権の制限やパスワードの定期的変更
- 未公開の重要業務資料には「営業秘密」などの表記を施す

これらは単独の対策ではなく，複数の策を併せて実施することが有効です。

③ 犯罪への備え

倉庫のセキュリティが甘いと，部外者の侵入を許してしまいます。侵入者による商品の盗難や，食品などへの異物混入など，大きなリスクになります。もっとも，たいていの保管施設では警備会社と契約して，不審者の侵入対策は取られていることでしょう。施錠・開錠のセンサー設置や，侵入検知時の警備員現地派遣，といった夜間休日の警備サービスなどは一般的です。しかし，昼間の侵入に盲点があるかもしれません。ガードを固めるために，入館用のICカードによる認証装置を出入り口に設けて未登録者の侵入をブロックしたり，また入退室ログを残す，倉庫内にカメラを設置するなどの方法が考えられます。加えて，最近では従業員による異物混入事件も起きているので，受け持ちの作業エリアから他のエリアへの移動を制限・モニターしたり，一人で無人のエリ

アに入らないための工夫も必要になります。

　②や③については，日本人は性善説に基づいた管理を前提にする傾向があります。しかし，あまりに性善説に頼りすぎると，思わぬトラブルにつながりかねません。

　いずれにしても**一旦問題が起きると，会社の数多くの利害関係者に対して損害を与える**ことになりますし，**最悪の場合事業を継続できなくなる可能性**もあります。油断が命取りになることを念頭に置きましょう。人間は「自分だけは大丈夫だろう」という，根拠に乏しい過信をしがちです。他社で起きた問題も対岸の火事と思わずに，自社で同じ問題が起きないためにはどうすべきかを考えてみる必要があります。

3　計画作成と現場管理

(1)　「PDCA」の実践

　業務管理を行う際の基本的な手順としては，一般的に「計画→実施→検証→改善」となります。これら一連の管理のステップは，PDCAサイクルと呼ばれているものです（図表2-6）。社員研修などを通じてPDCAについて教わった方も多くいるかもしれません。PDCAとは，

- Plan（計画）
- Do（実行）
- Check（検証）
- Act（改善）

のそれぞれの頭文字を取ったものです。「サイクル」という名の通り，「計画→実行→検証→改善」という一連のステップを踏んだ後は，また計画に戻って次のサイクルを開始します。このことを「PDCAサイクルを回す」と表現します。

第2章　物流管理職に必要な「考え方」

図表2-6　PDCAサイクル

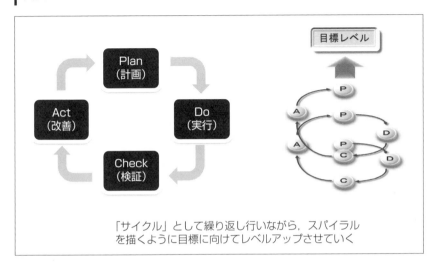

「サイクル」として繰り返し行いながら，スパイラルを描くように目標に向けてレベルアップさせていく

　PDCAサイクルの他にも，PDS（Plan, Do, See）や，「計画・実行・統制」などと言った言い方がありますが，いずれも考え方は同じです。

　物流におけるPDCAの内，「計画」の例としては，物流設備投資，車両購入，人員採用，倉庫管理システム入れ替え，作業計画，人員配置，在庫計画，教育計画など，様々なものが挙げられます。計画作成の観点としては，中長期や短期など時間の観点，また設備・人材・システムへの投資・コストなど経営資源（人・物・金・無形資源）の観点などが挙げられます。また。これらの物流の諸計画は，物流戦略に沿って作成します。また，既にお話したように物流戦略はその上位概念の企業戦略に沿って作成されますので，結果的に物流の諸計画は企業戦略との整合性が必要です。

　「実行」段階では，計画に沿うことが大切なのは言うまでもありません。

　「検証」においては計画と実施状況のギャップを分析します。例えば，物流センターを新規に立ち上げてしばらくの期間運用してみたものの，生産性が上がらないケースを考えてみます。計画では1日に1,000件の注文を出荷できる予定が，900件しか処理できない状態だとします。この場合，なぜ想定通り出

荷できないのかを原因分析するわけですが，重要なのは計画と実施状態の両面について問題点を検討すべきです。計画がそもそも実効性の乏しい無理のある計画であったかも知れませんし，あるいは現場での作業指導が不十分なのかも知れません。ここでの検証を基に，次の「改善」ステップへとつなげます。

「改善」においては，検証で認識した「ギャップ」を埋める行動をとります。前ページの例で言えば，現場の実態を踏まえた計画の修正や，現場の作業指導方法の見直しなどが考えられます。現場の管理者によるOJT（現場指導）だけでなく，マニュアルを使った研修会も開く方法などもあるでしょう。いずれにしても，計画と実施状況のギャップを埋める行動を取っていきます。

PDCAにおいて最も重要なことはCとA，つまり検証から改善に至るプロセスを疎かにしないことです。計画を立案し実施したのは良いが，計画と実施状況のギャップの検証作業が不十分になったり，あるいは改善活動が疎かになってしまうといったことが良く起こります。つまり「やりっぱなし」「成り行き管理」の状態に陥ってしまうのです。そうなると，PDCAサイクルが分断され，もはや「サイクル」ではなくなってしまいます。

（2）「分析麻痺症候群」vs.「現場偏重」

PDCAサイクルは管理方法として重要なものですが，その管理実施で陥り易い間違いというものがあります。

① 分析麻痺症候群とは

一つには計画に執着しすぎて，一旦立てた計画を絶対視してしまうことです。検証段階で計画と実施状況のギャップを分析すべきことは既に述べましたが，計画を絶対視するようになると，ギャップの原因を全て現場に求めてしまいがちになります。「計画は緻密に立てた。出来ないのは現場が悪い。」という思い込みは，現場に更なる計画の順守を求めるようになっていきます。その結果，現場がやる気を失ってしまうこともあり得ます。本来，計画通りに進まないときは，当然ながら計画と実行現場の両方をチェックしなければなりません。そもそもの計画に無理が無いのか，現場が計画通り出来ない原因は何か，を精

査する必要があります。そこで得られる「出来ない理由」こそが，真の分析結果になるのです。

　なお，当初の計画を実態に合わせて変更することは，一見すると妥協に見えてしまいますが，そうとも言い切れません。そもそも計画というものは，机上論になりやすい面があります。現場の生の実態を見ることなく，データや過去の経験と想像だけを頼りに計画を立てれば，現実離れした机上論が完成してしまうのです（この状態を，「分析麻痺症候群」と呼びます）。ですから，計画と現実のすり合わせは重要です。物流管理職の能力として，計画の現実的な「落としどころ」を上手に見つけるセンスを養うことも重要です。

② 現場偏重とは

　しかし，逆に現場偏重になることも良くありません。もし物流業務に大きな変革が必要になった場合，現場の意見で進めようとしても，改革は頓挫するかもしれません。現場の人は，現場レベルで物を考えます。管理者レベルで思考することは，大抵の場合管理者のポジションを与えられて初めてできることです。ですから，企業に大きな変革が必要な場面においては，トップダウンで変革を起こすことが必要になります。

　たとえば，ある企業が，現場の生産性向上のために手作業中心の工程を一新し，新しい倉庫管理システムや自動倉庫などの設備導入を検討しているとします。つまり，大規模投資によりオペレーションの自動化を進め，同時に人員削減も伴う変革です。このような大きな変革は，現場からは上がって来ません。基本的にトップダウンで行うことになります。

③ 現場の変革に必要なこと

　経営を維持・向上させていくために現場の変革が必要となれば，やむを得ず断行すべき局面もあるでしょう。ただし大事なのは，現場で働く人々に変革・改革の意味を十分に理解してもらうことです。何のために改革を行うのか，理解してもらわなければやる気を失い，職場を離れる人も出てくるかもしれません。そのためには説明の場を設けることが必要です。

　また十分な説明と同時に，現場の人も改革の部外者でなく当事者であること

を理解してもらうため，改革に参加させることも必要です。改革プロジェクトを立ち上げて，現場から何人かを選抜して改革の当事者にするのです。これらの方策を取ることで，目的の理解と当事者意識を生み出し，改革を成功に導きやすくすることも可能です。

(3) 中間管理職の罠にはまらない

　なお，大企業の中間管理職の方には気をつけて頂きたいのですが，中間管理職がはまり易い罠があります。それは，昇進する程に現場から離れてしまう一方で，経営者との距離もまだ遠い役職に就いた場合に起きることです。企業によって組織の縦の階層の深さが異なるので一概には言えませんが，課長より上の部長クラスになると，現場から距離が離れ気味になります。部長のすぐ上が社長であれば良いのですが，更に上に様々な役職の方がいると，経営トップとも距離ができてしまいます。下手をすると現場も経営も見えにくい状態になってしまう恐れがあります。そのようなポジションになった場合，ぜひ現場にも足を運ぶ回数を増やし，経営も学んでいきましょう。本書で述べていることの実践や更なる研究をして頂いて，「中間管理職の罠」を回避しましょう。

4　計数化・数字による思考

(1) 感覚に頼っていないか

　経営者から依頼を受けて物流コンサルティングを行っているとき，物流管理職の方の「特に大きな問題はありません」という報告を耳にすることがあります。しかし，物流コスト計算や各種指標を使用した実態調査を行ってみると，様々な問題が浮き彫りになって来るケースが多々あります。管理者本人は本当に問題が無いと思っているケースと，問題を認識しながら隠しているケースが考えられますが，いずれにしても感覚的な言葉で状況を表現していては，問題は浮き彫りになりません。そこで，計数化が必要になってきます。

　物流における計数化として良く使われる言葉に，KPI（Key Performance Indicator）というものがあります。日本語では「主要（重要）業績評価指標」

などと言われていますが，今ではKPIと言った方が通りは良いでしょう。物流におけるKPIは，例えば誤出荷率，納期遅延率，在庫回転率，等々，物流のパフォーマンスを評価するための指標です。KPIを用いれば，物流業務の評価を客観的に行うことが可能になります。

KPIを使うということは，必要なデータを入手・加工しなければいけません。システムから生データをいつでも抽出して，自分で表計算ソフトやデータベースソフトで好きな様に加工できれば，データ活用の幅も広がります。しかし，これらソフト類を使いこなすスキルは，人によってかなりの差がありますし，生半可な知識だと誤ったデータを作ってしまう可能性があります。時間を節約する意味でも，IT部門の協力を仰ぎながらレポートの仕組みを構築しておきましょう。

また，レポーティングで使用するデータについては，全てがシステムから抽出できるデータとは限りません。人の手を使ってカウントしなければならないデータも存在します。例えば誤出荷率を求める場合，分母の出荷件数や出荷明細行数などはシステムからデータを入手できますが，誤出荷の件数はシステムに入力していないのが普通です。日頃からデータ収集できる仕組みやルールを作っておかなければ，急にはデータ活用ができません。システムに格納できないデータは，表計算ソフトなどに記録を取っておくなどして，データベースとして活用できるようにしておきましょう。

（2） 計数化の落とし穴

KPIなど数値化したらそれで万事良し，というわけではありません。数値化にも時に落とし穴があるのです。

例えば平均値，という考え方を我々は頻繁に使います。平均値を代表的な値として見なすわけです。テレビやマスコミのアンケート調査などでも，平均年収・平均貯蓄額，等々の平均値が頻繁に使われる傾向にあります。しかし，物流をはじめビジネスの分析においては，平均値だけでは不十分なケースもあります。平均からの「ばらつき」も考えなければいけません。なぜなら，平均値

算出の基になる個々のデータは,平均値から大きく離れたデータも含んでいるからです。平均値はデータの偏り度合いを上手に表してはくれません。データ分析について詳しくは後の章で述べますが,これは数値化の難しいところの一つです。マクロで捉えた数字も,更に細かく分析してみる必要があります。つまり,ミクロの視点です。マクロ的な数値は異常を示さないが,データを細分することで状況の偏りや異常値が見えてくることも多々あります。

(3) 財務思考ができる物流管理職になる

　物流管理職としてステップアップする中で,ぜひ身に付けて頂きたい知識があります。それは,財務に関する知識です。財務というと,簿記の様な借方・貸方の仕訳を真っ先に想像して,自分には難しいとかややこしいと考えて毛嫌いしてしまう方もいるかも知れません。しかし,別に皆さんに簿記の勉強をすることを勧めるわけではありません。財務思考を身につけることと簿記の勉強とは同じではありません。

　財務とは,平たく言えば資金の調達や投資に関する方策を立て,実行する活動です。そして,財務活動の状況を分析するのが財務分析であり,企業の「カネ」に関する状況を定量的・定性的に把握し,今後の方針を立てることに使用します。財務分析では,儲かっているか否かを示す「収益性」,会社の伸びを

図表2-7　財 務 分 析

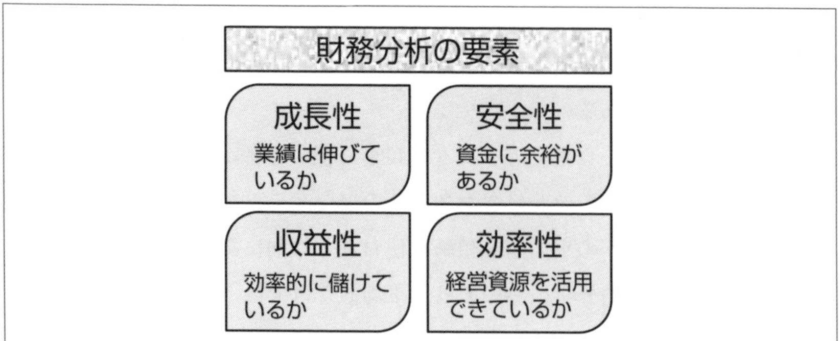

財務分析の要素

成長性	安全性
業績は伸びているか	資金に余裕があるか

収益性	効率性
効率的に儲けているか	経営資源を活用できているか

計る「成長性」，投資から効率よく売上や利益を得ているかを示す「効率性」，そして資金面が十分に足りているかを示す「安全性」，などの観点で分析を行います（図表2-7）。

　物流管理においても，これらの観点が非常に重要です。たとえば，物流コストが企業の収益性に影響するのはわかり易いと思います。しかし，物流設備や人材投資等が効率性・安全性と関連することなどは，物流部門で理解している方はあまり多くない様です。このように物流の活動がどのように企業の財務状況と関係しているのか，理解しておくことは物流管理職として大切です。

　また，あなたが上級管理職であれば，物流面だけでなく会社の状況を把握するために，様々な経営指標の意味を把握できることが期待されます。

　世の中の物流管理職の方の中にはKPIなど計数管理に詳しい方も多々いますが，財務の視点を十分に理解されている方は少ない様に思います。経営者でも財務面を十分に理解していない方は意外と多いものです。財務知識を持つことは，あなたという人材の差別化ポイントになるでしょう。

　ちなみに，外資系企業では組織上，CFOや財務部長が物流部門を管理下に置いていることがあります。もし外資系への転職をお考えの方は，財務知識をある程度持っておくと，上司とのやり取りがスムースになり易いでしょう。

5　社会問題への対応

(1)　企業の社会的責任と物流

　近年，企業の社会的責任（CSR：Corporate Social Responsibility）が問われるケースが増えています。法律を順守するコンプライアンスの考え，また環境への配慮などを求める考えなど，企業も社会の一員として倫理的責任を果たすことが必須となっています。また，自社が倫理的責任を果たすだけでなく，社会的な問題に対して企業が自発的・積極的に関与して，問題解決の一助になるといった行動も見られます。例えば，自動車メーカーがハイブリッド車やクリーンディーゼルエンジン搭載車など，環境に配慮した車作りを行っていることが一例です。

一方消費者も、社会的責任を果たしている企業に対しては信頼感や好感を持ちやすく、CSRへの取り組みが商品選びの一つの基準になることもあります。従って、企業がCSRとマーケティングを結び付ける行動を取る場合も見受けられます。

各企業が様々なCSR活動を展開する中、物流管理職も社会的な取り組みを考える必要があります。ここでは2つの活動を取り上げます。

(2) 地球環境への配慮

物流部門のCSR活動としてわかり易い例は、地球環境への配慮です。

自動車の排出ガス規制は強化傾向にあり、大気汚染や地球温暖化をもたらす窒素酸化物など、規制の対象になっています。アイドリングストップやハイブリッド・トラックの利用も重要です。

また、過剰包装という言葉がありますが、不必要に厳重な梱包を行わずにできるだけ梱包材を削減して、資源を節約する取り組みも進める必要があります。

世の中は循環型社会を推進する方向に向かっていますが、物流管理職としては3R（Reduce, Reuse, Recycle）を十分に意識しなければいけません（**図表2-8**）。

Reduceとは「発生抑制」であり、出来るだけごみが発生しない様に予め考慮して、生産や販売を行うことです。インターネット通信販売のAmazonでは、フラストレーションフリーパッケージという簡易梱包を使用している場合がありますが、これも発生抑制の一例です。また、土にかえる生分解室の素材を使用した緩衝材を製造するメーカーもあり、環境負荷の低減になります。

2番目のReuseは「再使用」であり、使い捨てにせず繰り返し使用することで資源を無駄にしないと言う考え方です。通い箱・リターナブル容器の使用、使い捨てパレットを利用しない、などが考えられます。

最後のRecycleは「再生利用」であり、分別収集した段ボール箱などの紙製品を工場で再生処理して、別の再生紙の製品を作ることが該当します。

法律面では「物流総合効率化法」「大気汚染防止法」などをはじめとする、

第2章 物流管理職に必要な「考え方」

図表2-8　3R

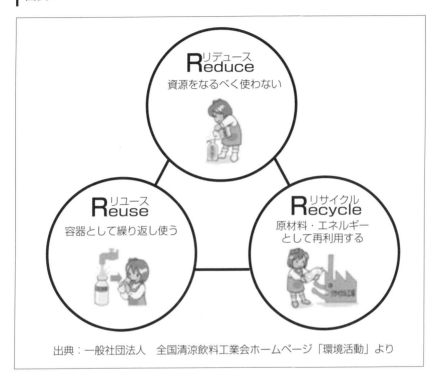

出典：一般社団法人　全国清涼飲料工業会ホームページ「環境活動」より

環境関連の法律がいくつも存在します。今後もより一層の環境対策が求められる傾向にあるので，関連する法律はしっかりチェックして，対応していく必要があります。

(3) 労働環境の整備

　近年「ブラック企業」という言葉も良く使われていますが，労働問題への配慮も必要です。例えば無理な運転シフト組みや長時間労働を行うことにより，観光バスでの事故が発生したニュースがありました。トラックでも同様の事故が起きないよう，人員計画に安全への配慮は欠かせません。まして最近はドライバー不足が深刻化しているため，少ないドライバー数で今までと同等かそれ

以上の仕事量をこなすとなったら，過剰労働を強いることになりかねません。営利だけを優先して事故や過労死の問題が発生すれば，結果として社会から厳しい制裁を受けることになります。

また物流センターや倉庫など作業場においては，労働者の健康への配慮が必要です。夏場の高温の作業場，タイヤなどの粉じんが空気中を舞う状況，落下の危険を伴う高所作業，など健康被害やけがを生む可能性のある作業環境は，安全な作業場へと整備していく必要があります。

またセクシャルハラスメントやパワーハラスメントなど，組織内のモラルに関わる問題についても，発生防止の施策を取ることが重要です。日頃から従業員教育の場を設けて，どのような発言や行為がハラスメントに該当するのか，指導していくべきです。またそれらの発言や行為をした人がどのような制裁を受けることになるのか，また会社に与えるダメージについても，教育が必要です（もちろん，従業員だけでなく経営者自身も当事者にならない自覚が必要です）。

時代の要請として，社会問題意識を持つことが物流管理職に必要です。そして問題のある業務や作業環境に目を光らせ，積極的に改善していく必要があります。そうしないと，あなたの会社の社会的な評価を下げることになり，物流の不手際で会社の業績が下がることもあり得るのです。

人は自分が過ごしてきた企業文化の影響を多分に受けて，それを判断基準にして行動しがちです。そのため，自社の慣習・文化の問題点に対して，自分自身では気が付きにくくなってしまいます。また，昔は通用したが今は通用しない習慣も多々あります。他社の情報を仕入れたり，外部のコンサルタントに指摘を求めたり，あるいは習慣化した行動基準を一度は疑ってみるなどして，労働環境に関する整備不足のリスクを低減しましょう。

第3章 物流管理に必要な「知識」を身に付けよう

1 財務・会計知識

(1) 財務知識を持つ物流管理職は多くない

　第2章では物流管理職も財務面の知識を身に付けることが役に立つと述べました。財務的な知識を持っている方はそれを持っていない方と比べて，企業の運営状態が見えやすくなります。「数字が企業を語る」と表現したらわかりやすいかと思います。あなたの企業が儲かっているのかはもとより，成長しているのか，効率よく稼いでいるのか，また資金面で安全なのかが如実に数字に表れてくるのです。こうした財務状況は企業活動の反映です。無論，物流に関する活動も，財務状況に反映されています。しかし実際には，物流管理職で財務知識を持っている方は多くない様です。コスト意識の高い方は多くおられますが，もう一歩踏み込んだ財務面の知識が有れば，物流管理を上手に出来るようになれるでしょう。なぜなら，物流管理職の役目は物流コストを下げることだけでは無いからです。既に述べたように，物流管理職は設備投資の意思決定に関わらなければなりませんし，もっと大きなところでは物流の強みを生かしたビジネスモデルの構築も担うことになるからです。これらの**高度な経営判断を行うには，数字的根拠を明確に説明出来るだけの知識が必要**なのです。

　みなさんは「貸借対照表」「損益計算書」等の「財務諸表」を見る機会はありますか？ 各企業の決算時期になると，経済紙にこれら財務諸表が多く掲載されています。一般的には財務諸表は「取っつきにくい」感じを受けるかも知れません。確かに，財務諸表上の一つ一つの用語，たとえば貸借対照表の「流動資産」などと言われても，「流動」の意味がわかりにくいことでしょう。もちろん財務諸表を隅から隅まで読めるに越したことはありませんが，本書は皆さ

んに財務の専門家になることを勧めているわけではありません。本書が提唱するのは「財務的な考え方」を身に付けていただくことです。気負わなくても大丈夫です。それでは具体的にその考え方を説明しましょう。

(2) 収益性とは

　第1章では，物流コストの削減効果は大きい，と述べました。物流コストを削減することは，売上を大きく増加させるのと同じだけの利益創出効果があるという話をしました。コスト削減をすることで，企業全体の収益性が高まります。「収益性」とは売上から生み出される利益の割合の大きさを示し，利益率で表します。収益性の概念は非常にわかり易いと思います。

　実際，皆さんは物流部門に配属された日から，「コストを下げろ」と上司の方から言われ続けてきたのではないでしょうか。確かに物流部門はコストセンター，つまり「コスト発生部門」という位置づけなので，コストダウンがお題目になるのも理解できるところです。ちなみにコスト発生部門をコストセンターと呼ばれるのに対し，利益創出部門はプロフィットセンターと呼ばれています。日々の物流業務に掛かる経費を削減することは，企業全体の収益性を高めることになりますので，「儲かりやすい会社になる」ということです。ただし，費用は「収益を獲得するための犠牲」であり，ただ単に削減さえすれば良いと言うものではありません。費用を評価するときは「その費用は収益を獲得するのに必要か否か？」という観点で考えましょう。

　また，物流費用が企業利益に関わるということは，企業の損益計算書に皆さんの活動結果が数字となって表れ，株主その他の利害関係者（ステークホルダー）の目に晒されていると言うことになります。株式会社であれば公告と言って，財務諸表を公共に示さなければなりません（資本金の額その他の条件で公開する財務諸表の範囲は異なりますが）ので，物流管理職としては利害関係者のことも意識しておく必要があります。

（3） 損益計算書のどこに物流活動が表れるのか

ここで損益計算書の簡単な考え方・読み方を知っておきましょう。損益計算書は他の財務諸表よりも比較的理解しやすいものです。損益計算の基本的な考え方と，物流関連費用が損益計算書のどこに表れるのかは少なくとも知っておきましょう（図表3-1）。

図表3-1　損益計算書の構成

```
              損益計算書
       20xx年4月1日 ～ 20xx年3月31日
                        （単位：千円）        ＜物流関係の費用項目＞
 ①  売上高                  1,000,000
 ②  売上原価                  200,000
 ③  売上総利益（①－②）       800,000
 ④  販売費および一般管理費    500,000     … 物流費が含まれる
 ⑤  営業利益（③－④）        300,000
 ⑥  営業外収益                 50,000
 ⑦  営業外費用                 80,000     … 少量の在庫廃棄損
 ⑧  経常利益（⑤＋⑥－⑦）    270,000
 ⑨  特別利益                   10,000
 ⑩  特別損失                   30,000     … 大量の在庫廃棄損
 ⑪  税引前当期純利益（⑧＋⑨－⑩） 250,000
 ⑫  法人税，住民税及び事業税  100,000
 ⑬  当期純利益（⑪－⑫）      150,000
```

少なくとも損益計算書上で物流部門が関係する費用項目は知っておきましょう

損益計算書（P／L，Profit and Loss Statement）とは，企業活動により一定期間に発生した収益（売上など）から費用（経費）を「段階的に」差し引いて，利益（または損失）の発生額を表した計算書です。この「段階的」という部分が大切です。それは，**利益には種類があり，それぞれに意味がある**と言うことです。なお，「収益」と「利益」という言葉は同様の意味で使われたりもしますが，それぞれの基本的な意味は式で表現すれば次のようになります。

(収益) − (費用) = (利益,または損失)

さて,損益計算書の構成は次のようになっています。
① 売上：
　企業の収益の最たるものは売上ですので,損益計算書の一番上に売上が記入されます。
② 売上原価：
　次に売上原価が来ます。**売上原価とは,売上高を上げるために要した製品の製造原価や商品の仕入原価**です。

　　※ちなみに「製品」と「商品」は会計上別のものであることは,上記説明でおわかり頂けたと思います。本書では説明上複雑になるので,あえて厳密に使い分けをしない部分がありますがご了承下さい。

③ 売上総利益：
　売上から売上原価を引いたものです。売上総利益は**製品（商品）自体の利益獲得力**を表します。
④ 販売費および一般管理費（販管費）：
　営業活動に要した様々な費用が含まれます。配送費や倉庫代を初めとする**物流費はこの販管費に含まれます**。
⑤ 営業利益：
　売上総利益から販管費を引いた利益です。**企業の本業である営業活動により得た利益であり,営業力を表します**。
⑥ 営業外収益：
　本業以外に発生する収益です。利息の受取りなど,財務活動に関するものが主体です。
⑦ 営業外費用：
　本業以外の理由で発生する費用です。利息支払いなど,財務活動に関するものが主体です。

⑧ 経常利益：

通常の企業活動の成果を表す利益です。「通常」とは営業活動と財務活動のことを指します。

⑨ 特別利益：

通常は発生しない利益であり，例えば会社の建物など固定資産を売却した時に発生する利益などです。

⑩ 特別損失：

⑨と同じく特別に発生する費用です。**在庫を大量に廃棄した時の損失は，この特別損失に表れます。**

⑪ 税引前当期純利益：

経常利益＋特別利益－特別損失

⑫ 法人税，住民税及び事業税：

文字通り，税金の額です。

⑬ 当期純利益：

税金を引いて残った最終の利益です。

この様に損益計算書上で物流関係費用が関係する場所を知っておくことは大切です。通常の事業活動を行う限りでは，物流関連費用のほとんどは販売費および一般管理費（販管費）に含まれます。つまり，物流費が増加または減少すると販管費が増減して，その結果営業利益の額が増減します。言ってみれば，物流コストは営業利益段階の収益性に直接影響するということです。営業利益は「本業の収益獲得力」「営業力」を表すので，企業の利害関係者が着目するポイントになっています。ですから，物流費のムダを無くすことはとても重要です。

損益計算書上の特別損失も，物流が関与することがあります。滞留在庫など売れない在庫を大量に廃棄した際に発生する除却損（帳簿から在庫を落とす際に計上する損失）や，陳腐化して価値が著しく減少した在庫の「評価損」など，通常発生しない高額の損失等が該当します。特別損失が大きいということは，

経営上何か異常なことが発生しているという判断になります。そうなれば，在庫管理の状態が株主や金融機関などステークホルダーの目に留まることにもなります。よって，物流部門としては普段から在庫量の状態をモニターして，経営者や社内の関係者に随時レポートしておく必要があります。先に述べたように在庫責任は物流部門だけのものではありませんが，企業内で在庫量の適正化管理を先導するのは物流部門の役割ですので，レポートは欠かせません。なお，在庫廃棄が少額の場合，つまり通常の業務を行っていれば当然発生する程度の廃棄損は「特別」ではないので，営業外費用に計上されるのが一般的です。

（4） 固定費・変動費とは

　収益性の話に引き続き，固定費と変動費について述べます。費用分類の方法は様々ありますが，固定費・変動費は販売量との関係性から見た分類です。費用には売上高や業務処理量の増減に応じて変化していく「変動費」と，その増減に関係なく常に一定金額発生する「固定費」とがあります。物流コストも変動費・固定費に分けることが出来ます。例えば保管費ですと，物流業者の倉庫を借りている場合には固定のスペースに対して固定月額を支払う契約もあれば，物量に応じて保管費が変動する契約もあります。労務費においても現場管理者の社員は月額の固定費が掛かるが，パート・アルバイトについては物量の変動に応じて作業人員数が調整されるので変動費になる，といった違いがあります。

　さて，ここで固定費・変動費と売上高の関係をグラフにして見てみましょう（**図表3－2**）。縦軸には売上高およびコストの金額を，横軸に販売量をとります。グラフ上の固定費は販売量に関係なく常に一定なので横軸と平行線になり，変動費は販売量に応じて増加していきますので，右上がりの線になります（必ずしも直線になるわけではありませんが，便宜的に直線とします）。1つの企業のコストでも固定費と変動費は混在するので，グラフは固定費と変動費を合計した2階建ての構造になります。この2つの費用を合計したものが総費用になります（総費用線）。一方，売上を表す線（売上線）は販売量が伸びるにつれて右上がりに上昇します。注意すべき点は，**固定費は販売量がゼロの場合でも発生す**

第3章 物流管理職に必要な「知識」を身に付けよう

図表3-2 固定費・変動費・売上高の関係

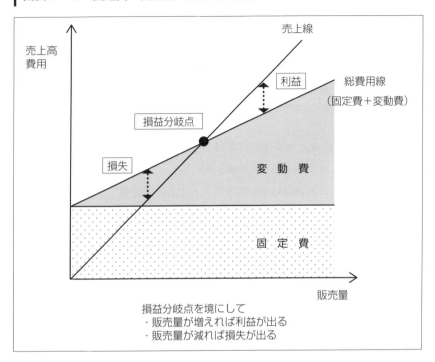

るということです。ですから，売上線の始点は総費用線の下になります。

グラフ上，販売量がゼロから増加していくに従って，売上線と総費用線が交わる点が出て来ます。この交点は「売上＝費用」になっているので，利益も損失も出ていない状態です。この交点を**「損益分岐点」**と呼び，損益分岐点における売上高は「損益分岐点売上高」と呼びます。そして損益分岐点を境にして販売量が増えれば利益が発生し，逆に販売量が減少すれば損失が発生するという，コスト構造になります。よく「固定費の変動費化」ということが言われますが，それは固定費が発生することにより販売量低下時の赤字リスクが生じるため，出来るだけ固定費を減らして変動費に移行すべきという考えです。

固定費の変動費化自体は概ね正しい方向ではあります。現在の様に先行き不透明な経済状況では，業績の下振れリスクを考えることも重要だからです。し

かし固定費を単純に敵視するのも誤りです。以下に説明します。

ここに2つのケースを想定します。

ケースA　固定費は大きいが，対売上高の変動費率は小さい（固定費型）
ケースB　固定費は小さいが，対売上高の変動費率は大きい（変動費型）

また，AB共に損益分岐点売上高が同じ，という条件を付けます。この2つのグラフを対比してご覧下さい（**図表3-3**）。

さて，上記の様に損益分岐点が同じであっても，変動費と固定費の割合が異なると何が変わるのでしょうか？グラフ中で横軸に取った販売量SにおけるAとBそれぞれの利益を比較してみます。一見してお分かりと思いますが，固定費の大きいケースAの利益の方がより大きくなっています。逆に販売量がSから下降して損益分岐点を下回るほどになると，ケースAの損失の方が大きくなるのです。言ってみればケースAでは，販売量の増減による利益または損失の変化が大きくなります。つまり，**固定費の割合が大きいとハイリスク・ハイリターン型になる**のです。

これはどういったメカニズムかといえば，そもそも変動費率が小さいということは販売量に関わらず常に利益幅が大きいわけですが，ケースAのように高額の固定費が存在すると，その固定費の回収に利益が食われてしまうのです。ですから，損益分岐点に一旦到達してしまえば固定費は回収されるので，あとは売れば売るほど利益が大きくなるというわけです。逆に損益分岐点を下回ってしまうと，固定費の影響が強くなり損失も大きくなるのです。

このように固定費が多いか変動費が多いかというコスト構造の違いによって，「収益の発生傾向」が変わって来るのです。景気や売上が下げ基調の場合には変動費型の方が，赤字のリスクを減らすことが出来ます。逆に景気や売上が上げ基調の場合は，固定費型の方が利益を大きくしやすいと言えます。ただし，言葉で言うほど「固定費の変動費化」は，現実には簡単ではありません。

第3章 物流管理職に必要な「知識」を身に付けよう

図表3-3 固定費型・変動費型の利益の表れ方

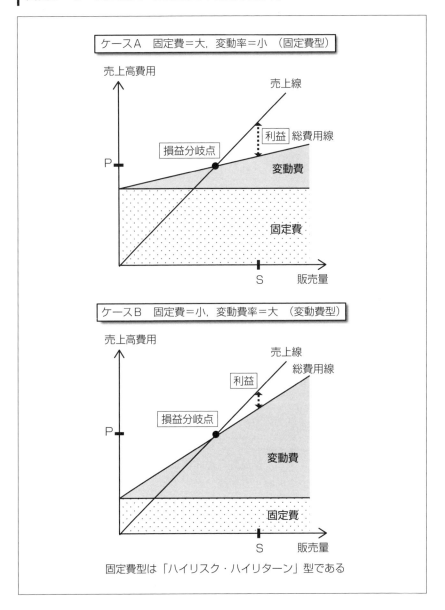

物流管理職は物流投資の判断に加わることになるので，こういったコスト・利益構造をしっかり踏まえておきましょう。

(5) キャッシュフローと利益

キャッシュフローとは文字通り，企業活動における「お金（現金）の出入りの流れ」のことです。企業にとって現金が不足することは事業継続に関わる重要な問題です。

物流においてキャッシュフローが関連する主な問題としては，やはり「在庫」です。現金を払って入手した商品が在庫になるのですから，**在庫が倉庫に滞留するということは，現金が倉庫に寝ているのと同じこと**なのです。しかも，販売しない限りは在庫を再び現金化することはできません。在庫が倉庫に眠って陳腐化したり，あるいは劣化することになれば，在庫の価値は減少します。それは，現金が目減りするようなものです。ですから経営上，滞留在庫を抱えることは企業のキャッシュフローを悪化させ，リスクになるのです。既に述べましたが，在庫の問題は物流だけの問題では無く経営全体の問題という意味は，ここにあるのです。

損益計算書で計算されている利益の額は，現金として手元に残っている金額と同じではありません。利益が出ているから会社の経営は安泰と勘違いされている方もおられますが，利益が出ていても安心はできません。昔から「勘定合って銭足らず」という言葉がありますが，それは利益が出ているのに現金が足りないことを指しています。ではなぜ利益が出ているのに現金が不足する事態が起きるのかと言いますと，**損益計算とは現金のやり取りを記録したものでは無く**，損益に関わる取引の発生を記録したものだからです。一番わかり易いのは売上と売掛金の関係です。企業間取引において，大抵のケースでは掛け売りになるので，売上が計上されても現金を受け取るのは後日になることはご承知の通りです。現金受け渡しによる売買が行われるのは，ディスカウントショップの仕入など一部の取引を除いてあまり無いことでしょう。この場合，売買発生時に掛売上取引が会計上記録されますが，現金は受け取っていな

い状態のままです。よって，利益が出ても現金が不足する事態が起きるのです。
「**キャッシュフロー経営**」という言葉を良く耳にしますが，これは利益のみでなくキャッシュ獲得にも重きを置いた経営を指す言葉です。

(6) 投資効率を考える

次は投資効率について考えてみましょう。投資とは企業の資金を投じて事業用の資産を購入し，その資産を用いて売上を獲得して，結果として利益を獲得することです。物流における投資の対象は，例えば物流倉庫の建物や土地などの不動産購入，倉庫内の保管設備や搬送設備の様な大型投資もあれば，トラックの購入もあり，また在庫への投資などもあります。これらの資産に投資するからには，出来るだけ多くの売上や利益を獲得しなければなりません。つまり，投資効率が高いことが必要なのです。そして，投資効率を数値で確認することが必要になります。投資効率は一般に次の指標で表されます。

> 投資収益率(%)＝利　益÷投資額×100
> 資産回転率(回)＝売上高÷投資額

投資収益率は英語の略語で「ROI（Return on Investment）」とも呼ばれます。
投資からどれだけの利益を生み出したかを率で示す指標です。この数値が高いほど，効率よく儲かる投資をしたことになります。

また資産回転率は，**投資した資産が売上の獲得に効率よく利用されているのか**を示すものです。物流関係者にはおなじみの「在庫回転率」は，まさにこの資産回転率の考え方です。回転率の数値が大きいほど，効率よく売上を稼ぎ出しているということであり，少ない投資で多くの売上高を獲得しているということです。

これらの投資効率の指標はあくまでも投資した結果から計算されるものです。これから投資をするか・しないかの意思決定を行う場合には，後述の「投資と

キャッシュフロー」を参照してください。

　物流管理職の方に知っておいて頂きたいのは，上記の様に「指標を使って客観的に評価する」という考え方です。「投資をするからには利益を上げないといけない」ということは誰でも思うでしょうが，思っているだけでは何にもなりません。大事なのは客観的に数値化して，投資効果を検証することです。また投資効果が出ていないのであれば，その理由を考えて対策を打たなければなりません。例えば在庫についても，「売れる製品だから在庫をたくさん持つべきだ」という販売部門の意向から，大量に在庫を購入したとします。しかし結果的に大量に売れ残ったならば，その影響が在庫回転率の悪化という形で具体的な数値になって表れます。そこで検証作業に入ります。そもそもの販売計画の数値が根拠の乏しいものだったのか，競合企業がより優れた新製品を早期に投入してきた影響か，消費者に早々に飽きられてしまったのか，等々の理由を探っていくことが必要です。そして分析した結果を次の戦略に活かしていくのです。こうしたプロセスは先に述べたPDCAサイクルそのものです。

（7）　投資とキャッシュフロー

　さて，投資に関しては前項のコスト構造の理解だけでは不十分です。投資によって出ていくお金と入って来るお金，つまり投資に関わるキャッシュフロー計算を理解しておく必要があります。

　例えば，倉庫内に設置する自動倉庫の機械設備を新たに取得すると想定しましょう。今まで手作業で行ってきた業務を自動倉庫導入によって省力化して，毎年の人件費を削減することが狙いです。まず機械の代金が100百万円（1億円）として，投資時点でキャッシュが出ていきます（キャッシュアウト）。そして，機械を導入することで年間の人件費が20百万円（2千万円）ずつ削減されるとしたら，その削減分は毎年キャッシュが入って来ることと同じになります（キャッシュイン）。さて，投資代金は何年で回収できるでしょうか？このとき，単純に「投資額100百万円÷毎年の削減額20百万円」で計算しては正しくありません。なぜなら，**今現在の20百万円と5年後の20百万円は，同じ価値で**

第3章 物流管理職に必要な「知識」を身に付けよう

は無いからです。正しい方法は，将来のキャッシュインを「割引計算」することです。

　身近な例で説明しますが，今皆さんが１万円を銀行に預けたとします。金利の設定が１％だったとすれば，１年後には金利が付きますから，

$$10,000円 \times (1 + 0.01) = 10,100円$$

が預金残高になります。それは，現在の10,000円の価値は１年後の10,100円と同じ価値である，ということを意味します。同様の考え方で１年後に得られる10,000円の現在の価値がいくらかを求めるには，同じく金利１％ですと，

$$10,000円 \div (1 + 0.01) ≒ 9,901円$$

になるのです。これが財務的な考え方であり，例に挙げた式の１＋0.01は「割引率」，約9,901円は「現在価値」と呼びます。

　さて，自動倉庫に話を戻しますと，将来的な毎年のキャッシュインは図の様に計算されることになります（**図表３－４**）。１年目の割引率は金利１％で1.01になりますが，２年目は1.01の２乗で1.0201，３年目は３乗・・・として計算されます。この様にして計算すると５年間のキャッシュインの現在価値が100百万円には満たないので，回収期間は５年を超えて６年目に回収できる計算になります。

　特に不動産や設備などへの投資は金額も大きくなるので，その投資金額を回収するためには長期間掛かります。簡単に他の用途に転用できるものでは無いので，投資する・しないの意思決定は慎重に行わねばなりません。また，在庫を持つことは投資の一種だと言う認識も必要です。この認識は物流部門に限らず，企業内の全部門が持つべきものです。商品を発注する時は，販売部門などは比較的簡単に考えて購入数を決めて，大目に発注したりします。つまり，**「発注数量を決める行為イコール投資額を決める行為」**と言う認識をほとんど

図表3-4 投資と回収の計算

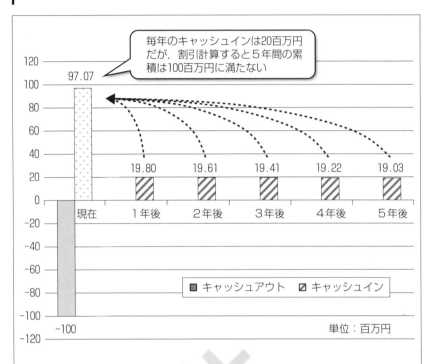

単純に100百万円（C/O）÷20百万円（C/I）＝5年　では計算できない

現在価値の計算（金利1%の場合。単位：百万円）

年数	キャッシュイン	割引率	現在価値	累積
1年目	20	1+1.01	19.8	19.8
2年目	20	$(1+1.01)^2$	19.6	39.4
3年目	20	$(1+1.01)^3$	19.4	58.8
4年目	20	$(1+1.01)^4$	19.2	78.0
5年目	20	$(1+1.01)^5$	19.0	97.1
6年目	20	$(1+1.01)^6$	18.8	115.9

この場合投資額は6年目に回収可能になる
投資判断では将来キャッシュを割引計算する

の人が持っていないのです。

固定資産となる一定額以上の物品（税法は変わるので金額は示しませんが），例えばパソコンや社内の机などは安い物でも購入の決裁がなかなか下りないのに，在庫投資についてはたとえ百万単位であっても勘で数量を決めて，簡単に発注してしまう企業もあります。後からキャッシュが不足する事態にならないように，慎重に判断したいものです。

(8) 貸借対照表

損益計算書と対になるのが，「貸借対照表」です。貸借対照表（B/S, Balance Sheet）とは，ある時点（会計期末）における企業の財務内容を表した帳票です。損益計算書は一定期間に獲得した収益や投じた費用などを集計した「フロー」ですが，これに対し貸借対照表はある一時点の財務状態を示した「ストック」であると言えます。

企業活動では資金を調達し，その資金によって獲得した資産を運用することで，売上を獲得していきます。製造業に例えれば，株主や銀行などから資金調達して，工場用地・建物・製造設備などの資産を購入して製品を作り，その製品を販売して売上を獲得する，といった流れを指しています。こうした資金調達と資金運用の状況を一表で表したものが，貸借対照表です。

貸借対照表の形式は通常左右２つのパートに分かれており（勘定式），右半分は資金の出所を，左半分は資金によって獲得した財産の状態を表しています。資金の出所は，銀行などの株主以外から調達する「負債」と，株主から調達する「純資産」の２つのパートから構成されます。一方，獲得した財産は全て「資産」のパートに区分されます（**図表３－５**）。

物流で考えた場合，在庫金額（棚卸資産，商品）や保有する倉庫の土地・建物等の金額は，貸借対照表の資産の部に表れます。無借金経営の企業は別として，こうした資産の多くは借入金など返済義務のある「負債」として調達された資金を使って購入したものですから，効率良く運用して売上・利益を獲得した後，負債の返済をしなければなりません。既に述べたように投資した資産から出来

るだけ多くの利益を獲得すること，つまり投資収益率（ROI）を高めていくことが，経営にとって重要な点になります。

図表3-5　貸借対照表のしくみ

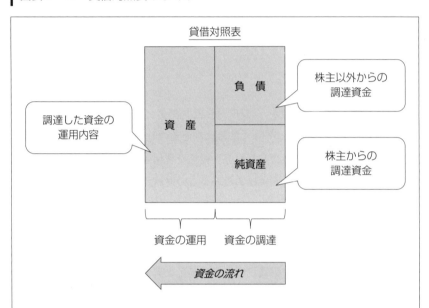

第3章 物流管理職に必要な「知識」を身に付けよう

2 物流ABC

(1) 物流ABC（活動基準原価計算）を知る

次は物流ABCについてご紹介します。物流ABCとは、「物流活動基準原価計算」のことであり、英語ではActivity Based Costingと言いますので、略してABCです。「活動基準原価計算」とは、文字通り原価計算の一つの手法です。

物流ABCの説明の前に管理会計の説明をします。会計には大きく分けて「財務会計」と「管理会計」の2つがあります。財務会計とは社外の利害関係者に向けた情報提供を目的とするのに対し、管理会計とは企業内部の業務管理や意思決定を目的とした会計の方法です。管理会計では通常、物流関係の費用項目は「人件費」「梱包資材費」など用途別で集計されます。しかし用途別の分類は括りが大きいこともあり、物流費削減のヒントは見つけにくいものです。そこで、これらの費用を別の切り口で細かく分類すると言う考え方が出て来ます。従来の費用の用途別集計ではなく、業務の「アクティビティ（活動）」ごとに原価を計算しようという試みです。ここでいう「アクティビティ」とは、物流センター内で言えば「ピッキング作業」「梱包作業」「流通加工作業」などの作業を指します。そして、それぞれのアクティビティ一単位当たりのコストを算出します。このようなアクティビティ単位のコストを算出することで、例えば顧客ごとの物流コストを算出することが出来るようになり、顧客ごとの採算性が判明するのです。また、アクティビティという細かい単位に区分することで、アクティビティごとのコスト削減可能性を検証出来るようになります。これが物流ABCの基本的な考え方です（**図表3-6**）。

(2) アクティビティ単価の算出

物流ABCの考え方をご理解頂いたところで、次にアクティビティ単価の算出について説明します。手順は次の通りです。

① **費用配賦**

帳簿上の物流関係費用をアクティビティ別に配賦（分配して割り振ること）し

ます。例えば人件費であれば、各アクティビティの作業時間を基準にして、入荷検品・ピースピッキング・カートンピッキング・梱包etc.などのアクティビティに配賦します。同様の手順で人件費以外の費用もそれぞれ配賦して、アクティビティごとの総費用を集計します。

② アクティビティ単価の算出

上記①の費用を、アクティビティの最小単位で割り算します。例えばピースピッキングでは最終的に1ピースあたりのピッキング費用を算出したいので、次の式を使って計算します。

```
ピースピッキング総費用  ÷  ピースピッキングの総ピース数
    ＝1ピースあたりのピッキング費用
```

カートンピッキングの場合は当然ピース数ではなく、カートンピッキングした総カートン数を使用して、1カートンあたりのコストを計算することになります。

図表3－6　物流ABCの考え方

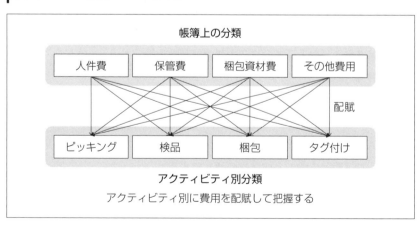

同様にして各アクティビティの単価を算出します。

(3) 物流ABCの活用方法

物流ABCの活用方法としては次の2つが考えられます。

① 顧客別の原価計算

前項で算出したアクティビティ単価を使用すれば，顧客ごとの物流原価計算が可能になるので，顧客別採算性を算出することができます。

例えば，顧客A社の物流原価を算出する場合，A社注文に関するアクティビティごとの処理量にアクティビティ単価を掛け算します。つまり，

> - 総ピースピッキング数×ピースピッキング単価
> - 総カートンピッキング数×カートンピッキング単価
> - 総梱包数×梱包作業単価

といった計算を全てのアクティビティについて行い，総合計を算出すれば，A社の物流原価が判明します。またこの物流原価をA社売上金額と比較すれば，A社の採算性が判明します。もしA社の採算性が他の顧客と比べて低い場合には，その理由を探ります。売上金額の割に過剰な物流サービスを提供しているのかも知れません。

この様にして，顧客ごとの採算性を把握し，必要に応じてサービス内容を見直すなどの行動に結びつけて，コスト削減を図っていきます。

② アクティビティ別のコスト削減

アクティビティ別のコスト検証を通じて総物流コストを削減することも，物流ABCの目的の一つです。

コストダウンを図る際，「標準作業時間」の考え方を用いることができます。アクティビティごとに予め標準的な作業時間を設定しておき，実際の作業時間が標準作業時間を超えた場合にはムダなコストが発生しているという考えの下，

作業上の問題を検証していきます。例えばピースピッキングで考えると、1ピースピッキングするのに要する標準作業時間を10秒と設定していたが、実際には15秒掛かっていたとします。作業時間をあと5秒短縮できれば、ピースピッキングのアクティビティ単価は3分の2（10÷15秒）に削減できます。この削減余地を認識できたなら、ピースピッキングというアクティビティの作業上の問題点を探し、改善につなげます（**図表3－7**）。

帳簿上の「人件費」「梱包資材費」等の大きな分類ではコスト削減の具体的な活動に結びつけにくいのですが、アクティビティ単価と作業時間を使えば、改善すべき作業の発見や削減費用試算もしやすくなるのです。

図表3－7　標準作業時間の考え方

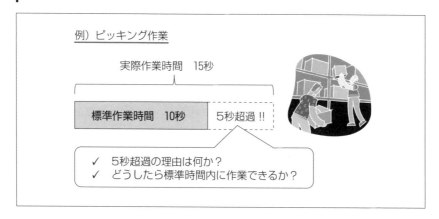

3　計数化の方法

(1) KPIの導入

KPI（主要業績評価指標　Key Performance Indicator）とは既に述べたように、物流業務運用の状態を評価するための指標です。物流評価は需要の3要素である、品質・コスト・納期（QCD）の観点で評価することになります。KPIの例

第3章 物流管理職に必要な「知識」を身に付けよう

を次ページに示します（図表３－８）。

表に掲げた指標を必ずしも全て計測する必要はありませんが、試しに多くの指標を計測してみることをお勧めします。大事なことは客観的な数値で定量的に把握することです。感覚に頼って自社の物流パフォーマンスを捉えていると、品質やコストが悪化していることの発見が遅れ、会社の利益にも悪影響しかねません。実際に計測してみると、事前の予想値と実際の計測値に大きな開きがあることも多いので、計数化は大きな気付きを与えてくれます。そして、定期的にその指標値を捉えて時系列レポート化し、値の変動をチェックし続ける必要があります。

図表３－８　物流KPIの例

分類	ロジスティクス指標	指標の説明
コスト	物流コスト （売上高物流コスト比率）	物流コストを売上高で割って求める。「物流コスト」の範囲と定義は原則的にJILS「物流コスト調査」と同様である。
在　庫	在庫日数 （商品・製品在庫）	ロジスティクスの観点では、棚卸資産のうち、「商品」「製品」が重要である。基本的には期末（月末）在庫金額であるが、期中の変動が大きい企業にあっては、期中平均を取る方が望ましい。
	棚卸差異率	期末（月末）棚卸時点での帳簿在庫と実在庫の誤差を率で表したものである。
	棚卸資産廃棄損 （対売上高）	「棚卸資産廃棄損」とは、旧型製品、賞味期限切れの商品、季節商品の売れ残り等の廃棄に伴って計上した損失または費用。
	滞留在庫比率	在庫日数が一定水準を超えたもの（基準は各社で設定する）、販売終了品、納入期限切れ等の在庫を滞留在庫と定義し、これの売上高に対する比率を求める。
サービスレベル	配送件数 （配送１件当たり売上）	売上高を配送件数で割り、１回の配送で納品する商品・製品のロットを示したもの。

	欠品率	受注行数に対する欠品行数の割合。欠品とは，受注の際に在庫切れで受注・在庫引き当てができないことを言う。
	(納期遵守率)	受注生産品における約束納期の遵守率。見込み生産品（消費財のほとんどが該当）については，即納が原則であることから，納期遵守率の管理の必要性は低い。なお，ここで言う納期遅延は遅配とは異なる。
	誤出荷率	受注行数に対する誤出荷件数の割合。誤出荷は，品違い，数量違い，配送先間違いなどである。なお，誤出荷件数は原則的に顧客クレームにより把握されたものの件数をカウントする。
	遅配・時間指定違反率	受注行数に対する遅配・時間指定違反件数の割合。「遅配＝納期に遅れる」と，「時間指定違反＝納入指定時間に違反する」の2種類に分けられる。遅配・時間指定違反件数は原則的に顧客クレームにより把握されたものの件数をカウントする。
	荷傷み発生率	受注行数に対する荷傷み発生件数の割合。荷傷みとは，汚損・破損・品質劣化などである。件数は原則的に顧客クレームにより把握されたものの件数をカウントする。
返 品	返品率	返品金額を（売上高＋返品金額）で割って求める。不良品返品（商品の不具合等）／良品返品（誤出荷，需要予測ミス，委託販売によるもの）など返品の種類は問わない。返品は数量ではなく金額ベースで把握。
物流条件	配送先数 （配送先1件当たり売上）	売上高を配送先数で割り，1配送先あたりの売上高を求めて，これを指標とする。配送先数は，自社から直接配送した物流センター，店舗等の数。
	納品リードタイム	納品リードタイムは，受注〆切から納入（約束納期）までの標準的な時間とする。商品等の内容によって異なる場合は，代表的なケースのリードタイムとする。

	SKU数 （1SKU当たり売上）	SKU（形状，色，サイズ等の最小単位で数えた商品・製品の最小の管理単位）の対象時点での数をカウントする。1SKU当たりの売上高をもって指標とする。
	最低配送ロット	配送を行う最低限度のロット。単位は業種によって「ケース」「パレット」「トン」等と様々であるため，単位は統一せず，自社が利用している単位を用いる。
	その他	※環境，安全等の指標を必要に応じて設定。

日本ロジスティクスシステム協会（JILS）「ロジスティクスKPIとベンチマーク調査報告書(概要版)2014 ロジスティクス指標の説明」より

(2) KPIを使った現場改善

　レポート化したKPIは管理者だけの資料とせず，物流部門内で共有しましょう。悪化している指標については原因を究明し，改善目標値の設定とその達成に向けた改善計画立案を行います。このとき，改善計画は物流管理職が一人で作るのではなく，部門メンバーを巻き込んで作成・共有することがポイントになります。自ら目標を作成して改善にあたることで，メンバーが参加意欲や達成感を持つようになり，現場の品質向上が図られるようになっていきます。一方，良化している指標についても，何が要因だったのかの分析は必要です。良くなった理由を探して，自社の物流の強みとしていきましょう。改善のプロセスにおいては既にご説明した様に，PDCAサイクルを回して改善を図っていきます。

　前項でKPIの時系列比較に触れましたが，KPIを他社と比較（ベンチマーク）することを考えた方もおられるかと思います。しかし実際のところ，物流KPIのベンチマーキングは意外と難しいものです。まず，他社のKPI自体が公表されていません。指標がよほど良い数値であれば売り文句としてKPIを公表する企業もあるかも知れませんが，個別企業で公表している例は見たことがありません。大抵の企業では指標を改善途上の数値と捉えて，改善の努力を続けるのが通例ですから，公表はしないでしょう。公益性のある団体が多数の企業の調

査を行って，KPIの平均値を算出しているレポートはありますが，それも様々な業種を含めたものです。本当にベンチマークしようと考えた場合，自社との比較先は同業種・同業態・同規模が望ましいのですが，データの入手は難しいのが実態です。結論として，自社の時系列比較を追いかけて改善を図ることが現実的な方法と言えます。

なお，KPIを計測するだけで終わっては意味がありません。上記のように物流メンバーを巻き込むなど，改善に結び付けるための仕組みとセットでお考え下さい。

4　在庫量の適正化

(1)　在庫量を分析する

在庫が多い・少ないといった議論は企業内で良く話されることですが，皆さんは何を基準に在庫量を判断されていますか？一般に「在庫日数（月数）」あるいは「在庫回転率」で判断することは，物流関係者なら常識と言えます。どちらが利用しやすいかといえば，直感的にわかるのは前者の指標でしょう。「何日分，何か月分の在庫を持っている」と言えば，物流関係者以外でも直感的に理解しやすいと思います。後者の様な回転率は投資効率を示す財務的な考え方なので，一般の方にはピンと来ないかもしれません。

さて，在庫を総量で捉えたときの在庫指標が良好な場合でも，安心しては居られません。より細かく分析してみると，問題が表れてくることがあります。総量から商品群単位へ，また商品群からアイテム単位へと落とし込んで分析することが必要です。在庫日数を分析するとき，例えばある商品は在庫日数が10日だが別の商品は300日であるなど，バラツキは必ず発生します。しかしバラツキがあまり極端だと，在庫管理がうまく機能しているとは言えません。

ちなみに在庫管理の最小単位のことをSKU（Stock Keeping Unit）と呼びます。SKUはアパレル商品で言えば，色・サイズまで落とし込んだ単品レベルのことです。あるシャツが赤・青の2色構成で，S・M・Lの3サイズの展開をしている場合，2×3＝6SKUとなります。SKU数が非常に多い企業もあると

思いますが,システムからのデータ抽出やPCソフトの高機能化などデータ分析を行う環境が整った現在では,最小のSKU単位で緻密に在庫管理を行うべきでしょう。

(2) ABC分析とは

　企業が保有する在庫量の状況を把握するために,ABC分析という在庫分析手法が良く使われます。ABC分析とは,商品ごとの売れ行きに応じた在庫管理を行うための分析手法です。分析方法の概要ですが,まず製品番号単位の販売数量と在庫数量のデータを準備します。それを販売数量の多い順に降順に並べて,「A　良く売れる製品」「B　次に売れる製品」「C　あまり売れない製品」の3グループに分けます。そして良く売れる製品グループは入出荷量が多いため在庫も多く持つことになるので,在庫量を重点的に管理します。逆に売れない製品は動きも少ないので,在庫管理の手間を省くために簡便な方法を採ります。このように製品の売れ行きに応じてA・B・Cとランク付けを行うことから,ABC分析と言われています。なおグループ分けは別に3つで無くても構いません。企業によってはABCDと4つまでランク付けしたり,全く販売が無い製品グループをZグループと名付けたり,方法は様々です。分析方法の詳細は次項で説明しますが,現物のABC分析表がどのようなものかを示します(図表3-9)。

　ABC分析を行ってみると,多くの企業では共通して一定の傾向が見られることが多いです。良く言われるのが,販売上位20％の商品で売り上げの80％を占めると言う傾向であり,「2:8の法則」などと言われたりします。実際には20％未満でも8割以上の売上を占めるケースも多くあり,必ずしも2:8とは限りません。しかし重要なのは,**少数の売れ筋商品によって,多くの売上がもたらされている**と言うことです。この少数の売れ筋商品を重点管理するのが,効率の良い在庫管理ということです。また,売れていない商品の在庫がいかに多いかも見えてきます。全く売上の無い製品でも,在庫を持っていることが良くあります。

図表3-9　ABC分析

売上順位	品番	販売			在庫			在庫回転率	ABCランク
		数量	構成比率	累計比率	数量	構成比率	累計比率		
1	Z002	5,896	4.9%	4.9%	3,400	6.6%	6.6%	1.73	A
2	Z001	5,582	4.6%	9.5%	4,027	7.8%	14.5%	1.39	A
3	X008	5,516	4.6%	14.1%	3,322	6.5%	20.9%	1.66	A
4	Y006	5,484	4.5%	18.6%	2,670	5.2%	26.1%	2.05	A
5	X003	4,588	3.8%	22.4%	5,003	9.7%	35.9%	0.92	A
6	X009	4,544	3.8%	26.2%	1,900	3.7%	39.6%	2.39	A
7	Y004	3,656	3.0%	29.2%	688	1.3%	40.9%	5.31	A
8	X001	2,646	2.2%	31.4%	1,270	2.5%	43.4%	2.08	A
9	Y008	2,591	2.1%	33.6%	1,844	3.6%	47.0%	1.41	A
10	Z004	2,559	2.1%	35.7%	834	1.6%	48.6%	3.07	A
11	X006	2,485	2.1%	37.8%	1,337	2.6%	51.2%	1.86	A
12	Y009	2,447	2.0%	39.8%	1,270	2.5%	53.7%	1.93	A
13	X010	2,322	1.9%	41.7%	857	1.7%	55.4%	2.71	A
14	Y010	2,255	1.9%	43.6%	827	1.6%	57.0%	2.73	A
15	X004	2,155	1.8%	45.4%	361	0.7%	57.7%	5.97	A
⋮	⋮	⋮			⋮			⋮	⋮
196	Y001	258	0.2%	99.6%	320	0.6%	99.3%	0.81	C
197	X005	255	0.2%	99.8%	220	0.4%	99.8%	1.16	C
198	Y005	120	0.1%	99.9%	43	0.1%	99.8%	2.79	C
199	X007	80	0.1%	99.9%	63	0.1%	100.0%	1.27	C
200	Z008	65	0.1%	100.0%	15	0.0%	100.0%	4.33	C
合計		120,589	100.0%	-	51,328	100.0%	-	2.35	

- 販売数量の多い順にデータを並べて，各品番の累計構成比率を表示
- 在庫数量についても各品番の累計構成比率を表示
- 在庫回転率を表示
- 販売数量の構成比から A・B・C にランク付けする

ABCのグループ分けを行う際の基準値については、明確な決まりがあるわけではありません。概ね前ページの様に考えて区分すれば良く、皆さんの会社の状況に合わせて変更して問題ありません（**図表3-10**）。要は、重点管理の区分けが出来れば良いと言うことです。

図表3-10　ABC分析のグループ分け基準の例

ランク	販売量累計割合	アイテム数の割合	管理
A	0～80%	20%	重点管理
B	80～95%	30%	中間
C	95～100%	50%	省力化

上記はあくまでも一般的な傾向から数値を例示したもの。
ランク付けに明確なルールがあるわけではないので、自社の販売状況に応じて「しきい値」を決めれば良い。

（3）　ABC分析表とパレート図の作成

では実際にABC分析表の作成過程を示します。
① 前項で述べたように製品ごとの販売数量と在庫数量のリストを用意する。
　リストは販売数量の多い順に並べ替える（降順）。
② 販売数量について、各製品の全製品に対する構成比率を記入する。
③ ②の累計を上から記入する。
④ 在庫数量について、各製品の全製品に対する構成比率を記入する。
⑤ ④の累計を上から記入する。
⑥ 各製品の在庫回転率（または在庫日数）を記入する。
⑦ 販売数量に応じて、ABCのランク付けをする。

これで分析表が出来ました。

ABC分析を行う際、在庫状況を視覚的に表すために「パレート図」というツールを良く用います。パレート図とは、後述する品質管理で良く使われるグラフで、出現頻度の多い項目順にデータを並べて累計値を取り、それをグラフ

図表3-11 パレート図

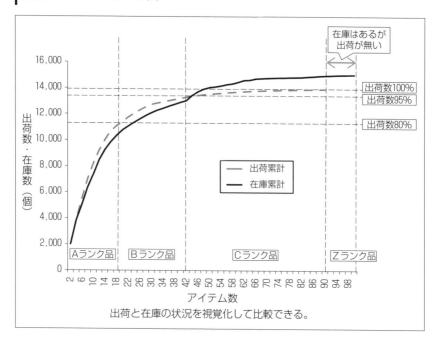

出荷と在庫の状況を視覚化して比較できる。

化したものです。まさにABC分析のデータの作り方と一緒です。グラフの作り方は，ABC分析表の累計販売数量と累計在庫数量をグラフにするだけです（図表3-11）。

(4) 在庫量適正化のために考えること

さて全商品をABCランクでグループ分けできたら，今度は在庫量適正化のための管理をグループごとに行います。

- Aグループ： 在庫の重点管理商品グループ。需要の変動に柔軟に対応できるように，発注量を調整しやすい管理方法を取る。定期不定量発注（後述）が向いている。
- Bグループ： Aグループ・Cグループの中間に位置する商品グループ。不定期定量発注が向いている。

- Cグループ： 売れない商品グループなので数量の動きが少なく，かつ商品数も多い。よって管理に手間を掛けないようにする。不定期定量発注（後述）が向いている。

この様にして，管理の手間に差をつけていきます。

なお，在庫を増やさないためには，次の点に注意が必要です。

---

① 売れる商品，売れない商品をデータから見極めて，発注量をこまめに調整する。
② いかに売れる商品であっても，深追いしすぎて発注をし過ぎない。
③ 営業などが顧客から収集する，最新の需要動向を発注に反映させる。
④ 在庫責任を明確にする。
⑤ 在庫問題は物流問題ではなく，全社的な損益や資金繰りの問題であるという認識を持つ。
⑥ アイテムの改廃は定期的に必ず行う。

上記の注意点の中で，意外と盲点なのが②番の「売れる商品」です。売れる商品はいくらでも在庫を積んでいいだろうという甘い見通しが，在庫を増やしてしまうことも多いです。また，売れている商品については，在庫が増えたとしても異論が出にくいです。売れるものを売れるうちに出来るだけ多く市場に押し込みたい，という気持ちは理解できますが，深追いしすぎると在庫は余ってしまいます。

また「売れ筋商品が売れるのは，売れない商品もセットでラインナップするからだ」という主張をする方がおられますが，この理屈には注意しないといけません。確かに，カラーバリエーションを揃える必要性などは理解できますが，売れないカラーの在庫費用や廃棄代が，売れるカラーの利益を食ってしまうことも考慮すべきです。そして，たとえ売れないカラーでも製造するからには，製造ラインを占拠する時間が発生しますので，その間他の商品の製造がストッ

プするという生産への影響も発生します。本当にそういったラインナップの仕方が販売上大きな効果が上がるのか，感覚では無く試算して検証する必要があるでしょう。

（5） 在庫削減は発注管理で実現

在庫は入庫数量と出庫数量の差で表されます。入庫数量は発注によって倉庫に入ってくるものであり，出庫数量についてはその大半が顧客への出荷です。単純な理屈として，発注数量は基本的に自社で増減させることが出来るのですが，出荷数量は顧客の意思に基づくものですから，自社で自由にコントロールできる性質のものではありません。従って，在庫削減の基本は発注をコントロールすることにあります。

ここでは発注の方式についてまとめます（図表3－12）。発注方式の分類は，発注の「時期」と「数量」を一定とするのか，あるいは変動させるのかによって分かれます。

① 定期不定量発注方式

発注の時期（発注間隔）を一定とし，発注数量を変動させて在庫量が適正になる様に調整する方式です。

例えば，毎月末を発注日に設定するなど定期的な発注日を決めておきます。発注するときは，在庫調整期間（発注間隔日数＋リードタイム）内の需要数量をまかなえる様に発注数量を調整します。在庫調整期間内の需要数量に対する供給数量は「手持ち在庫数量＋発注数量」になります。しかし需要予測と供給を全くの同数にした場合，飛び込み注文など臨時の需要発生に対応出来なくなるため，「安全在庫」を持って欠品リスクを回避します。

ただし，安全在庫に頼って需要予測をおろそかにしてしまうと，在庫が膨れ上がる原因になりますので注意して下さい。欠品が発生すると「安全在庫の増量要求」が販売部門から出るかも知れませんが，かといって安易に安全在庫を増やさないことも重要です。そもそもの発注のベースになる需要情報の収集能

第3章 物流管理職に必要な「知識」を身に付けよう

図表3-12 発注方式

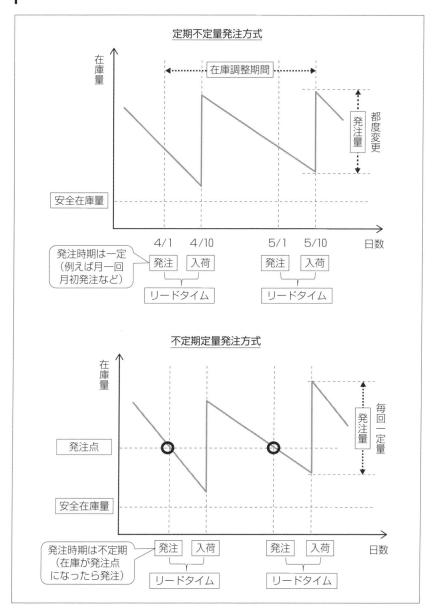

力を強化することが大前提であり，**安全在庫を逃げの手段に利用してはいけない**ということです。それがサプライチェーン・マネジメントの重要ポイントの一つです。

なお，定期不定量発注方式は需要に応じた在庫量の調整が可能である反面，需要予測情報の収集や発注量計算，安全在庫数の調整など，発注作業に手間が掛かるものです。よって，販売金額が大きい・出庫数量が多い商品など，手間を掛けるに値する商品向けの発注方法です。前出のABC分析で言えば，Aランク品に使うことになります。

② **不定期定量発注方式**

定期不定量発注とは異なり，発注の数量を一定とする方式です。発注の時期は在庫量の状況によって変化します。

不定期定量発注方式では，「発注点」という数量を予め決めておきます。実在庫数がこの発注点を下回ったら，予め決めた一定の発注数量を発注します。また，安全在庫も見込んでおく必要があります。①の定期不定量発注と比較して，予め決めておいた数量や発注点を基にして自動的に発注作業を行えるので，労力は少なくて済みます。但し緻密な発注数量管理をしない分，在庫量管理の精度も下がります。したがって，販売金額が少なく出庫数量も少ない商品など，手間を掛ける必要性が低い商品向けの発注方法です。ABC分析のB・Cランク品に向いています。

不定期定量発注方式の中でも，非常に簡便な方法に「ダブルビン法」というものがあります。これは，2つの箱を用意しておき，在庫を入れておきます。一つの箱が空になったら発注を行い，補充する方式です。在庫残量と発注すべきタイミングが目で見てわかるので，発注の労力がほとんど掛からない方法です。

繰り返しになりますが，**在庫量の適正化の取り組みは全社的に行わなければ達成できません**。出来る限り正確な需要情報を頻繁に収集すること，製品群ごとの需要変動のパターンを読み取ること，などを通じて需要予測精度を高める

努力を継続する必要があります。そのためには，システムの力を利用することも必要になります。発注支援システムもASPサービスを活用すれば，コスト負担を減らして導入することが可能な時代ですので，そういったツールも活用してみましょう。また発注担当者は，既に述べた発注技法も学ぶ必要があります。

この様な一連の在庫に関する業務プロセス改善は，企業の全体最適化のコーディネートを要します。そのためにも物流管理職は，本書で述べている知識を総合的に身に付けて頂きたいと思います。

5 物流現場の運用効率を高める ── 生産管理知識の応用

(1) 物流現場管理と生産管理の類似点

物流現場を管理する場合の考え方として，生産管理の手法が応用できます。生産とは企業が持つ資源（人・物・金・ノウハウ）を投入して製品を産出する活動であり，その際に需要の3要素であるQCDを満たしていくことが求められます。一方，物流現場の活動も資源投入から始まり物流サービスを生み出して，QCDの最適化を目指すことですから，生産に類似した活動と言えます。よって，生産管理の考え方を応用することが出来ます。ここでは生産管理の中で物流現場管理・改善に活用できる考え方について取り上げたいと思います。

(2) ECRS

現場の業務改善の進め方について，改善の順序を述べた言葉です。ECRSは下記のそれぞれ英語の頭文字を取ったものです。

- 排除　（Eliminate）
- 結合　（Combine）
- 入替　（Rearrange）
- 単純化（Simplify）

まず一番目の「排除」ですが，ムダな作業は無くしてしまうことが一番良いわけで，無くすことからまず検討します。倉庫内ではムダな運搬作業を無くす，あるいは輸送であればムダな在庫移動を無くす，などです。

次に「結合」ですが，まとめて出来ること・一緒にできることは一度に行ってしまうという考え方です。物流拠点の統合などが当てはまります。

3番目は「入替」です。作業順序を入れ替えた方が作業効率を高めるのであれば，入れ替えしてみます。一つの製品に複数の流通加工を施す場合など，加工の順番を変えたら作業が速くなることも考えられます。

最後に単純化です。無駄に複雑化している作業などを，単純化することです。ピッキングリストの表示項目の簡素化による視認性向上などが考えられます。

このECRSは物流改善に役立つと述べましたが，皆さんの会社で行われている全ての仕事に役立つ考えです。ムダな会議を無くす，似たような仕事をする部門を統合する，など応用が利きます。色々な場面で考え方を活用してみて下さい。

（3） 動作経済の原則

動作経済の原則とは，作業効率を高めるための考え方です。作業のムダやムリな作業を排除して，素早く・楽に・正確に作業を行うための原則論のことです。例えば，「片手だけで作業をするより両手を同時に使った方が作業の時間効率が良い」，「力のかかる作業は手ではなく足踏み式にした方が効果的である」，「物は下から上に持ち上げるより上から下におろせば重力を利用できて楽に作業できる」等々の作業原則が挙げられます。

例えば物流作業において，ピッキングして箱詰めされたカートンのフタをテープで閉じる場合を考えてみましょう。床に置かれたミカン箱程度の大きさのカートンが，ずらりと並んだ状態だとします。この場合，①ピッキング済みカートン置き場からカートンを梱包場へ運び，②前かがみの中腰になってテープを貼り，③ひと箱貼り終えると体を真っ直ぐに伸ばし，④次のカートンを取りに行き梱包場に運び・・・という様に，不安定な姿勢での作業と体の曲げ伸

ばしを繰り返します。このような体の曲げ伸ばしやカートンを取りに行く移動時間は作業のムダであり，中腰の姿勢も労働者の身体に負担のかかるムリな作業であると言えます。

　この作業状況を改善するには例えば作業台やローラーコンベアを導入すれば，床から高い位置で作業できるので作業姿勢に無理が無く，体の曲げ伸ばしも無くなり，またカートンを取りに行く移動作業も楽になります。

　動作経済の原則は，次の4つから成ります。

- 動作の数を削減する
- 動作を同時に行う
- 動作の距離を短縮する
- 動作を楽にする

　上記のカートン梱包の例で言えば，ローラーコンベア導入により動作の数が減り，動作も楽になると言うわけです（図表3-13）。

（4） QC 7つ道具

　QCとは品質管理のこと（Quality Control）であり，QC 7つ道具とは品質管理のために有用な管理ツールです。ここでは7つの内物流に利用しやすいものを3つ取り上げます（図表3-14）。

① パレート図

　ABC分析の項で述べたものです。これもQC 7つ道具の一つです。パレート図とは，出現頻度の多い項目順にデータを並べて累計値を取り，それをグラフ化したものです。在庫分析以外でも，クレーム原因や誤出荷の原因をカウントして，パレート図に表すことも有用です。「クレーム発生件数の80％を占める原因に重点的に取り組む」といった使い方です。

図表3-13 動作経済の原則の適用

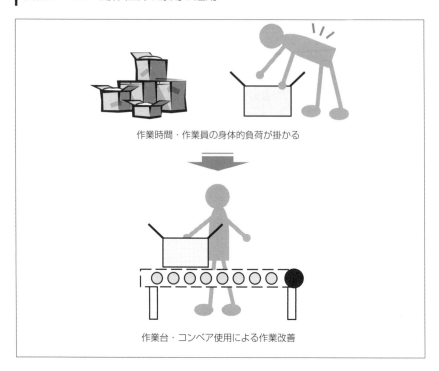

② **チェックシート**

問題点を定量的に把握できるツールです。確認すべき事項を予めリストアップしておき，確認できたらチェックマークを付けるためのシートです。例えば，物流現場の改善のためにチェックすべきポイントをリストに挙げておき，現場を回りながら該当項目にチェックを入れます。そのチェックマークの数をカウントすれば，問題点が定量的に把握できます。

③ **特性要因図**

問題点（結果）とその発生要因の結びつきを整理して分析するためのツールです。魚の骨の様な形をしているので，フィッシュボーン・チャートと呼ばれたりします。たとえば納期遅れという結果に対して，それを引き起こす要因と

図表３−14　QC７つ道具の例

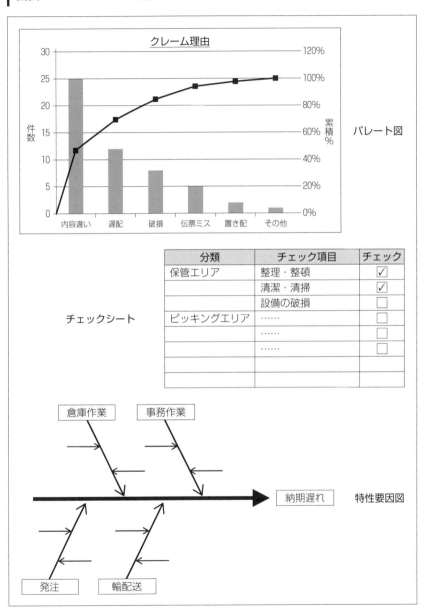

してピッキング作業，事務作業，現場レイアウト等々，様々なことが考えられます。この様な因果関係を特性要因図で整理して行きます。

④ その他

「層別」「散布図」「管理図」「ヒストグラム」があります。また「新QC 7つ道具」というツールもあります。

これらのツールを使えば，物流業務で発生する問題も整理して目で見ることが出来るようになるので，問題解決の助けになります。

(5) 5S

5Sとは「整理・整頓・清潔・清掃・しつけ」のローマ字表記の頭文字「S」を取ったものであり，工場運用における基本的な姿勢を示したものです。物流現場はもちろん，オフィスにも適用できる考え方です。

① 整理

不要なものを明確に分けて，利用価値の無い物は処分する（捨てる）ことです。雑然と物が置かれている職場では，必要なものを探す時間と手間が発生するので，コストに影響します。また事故の原因にもなります。

② 整頓

所定の置き場に物を置くことで，必要なものがいつでも使えるようにしておくことです。特定の人にしか置き場所がわからない状態は是正して，誰でもわかるようにしておく必要があります。

③ 清掃

文字通り，職場をきれいにしておくことです。汚れたりゴミが落ちていたりする職場では，品質など問題発生が発生しやすくなります。

④ 清潔

清掃と混同しそうですが，清潔は「整理・整頓・清掃」の状態を保っておくことです。

⑤ 躾（しつけ）

決められた規則を自ら守るようになることです。語感からすると「やらせ

る」ことの様に思われがちですが，自主的にルールを守ることの重要性を述べた言葉です。

　これら5Sを実践することで，従業員が自主的に問題点を発見して改善をすることにつながり，QCDの向上につながるのです。

(6)　計画・実行・統制（PDCA）

　PDCAについては第2章で既に述べましたが，生産管理では「計画・実行・統制」などと言われます。物流においても現場が成り行き任せにならないよう，計画の立案と，実行後の統制といった検証作業を必ず行う様にしましょう。

(7)　目で見る管理

　生産の現場では異常を知らせる表示灯が備え付けられていることが良くあります。ラインでの異常をいち早く知らせるため，目で見てすぐにわかるようにした装置です。また，工場の壁には生産に関する様々なグラフや写真などの資料が貼られているのを良く目にします。これらは視覚的に問題をとらえ，改善に結び付けるための方策であり，「目で見る管理」と呼ばれています。

　物流においてもこの考え方が使えます。企業によっては以前から行われていることですが，倉庫内で長期間動きの無い，いわゆる滞留在庫に赤い札を貼り付けておき，滞留在庫の量が一目で分かるような工夫をしている例があります。その他，物流センターなど作業現場では作業ミス発生防止のために，掲示物を使って注意喚起するのも良いでしょう。例えば出荷時に発見されるパッケージ不良品について，どこまでが良品でどこから不良品と判断するのか，現物の写真を使った説明を掲示して作業をわかりやすくすることが挙げられます。あるいは時間当たり出荷処理件数・処理数量の実績グラフを掲示し，生産性の善し悪しを見せて注意喚起したりするのがその例です。

　様々な倉庫を見ていて思いますが，物流業者の倉庫でもこの様な目で見る管理を随所に導入しているところと，ほとんど導入していないところが存在します。物流倉庫の外部委託先を選定するときも，目で見る管理や5Sが実践でき

ている業者だと，荷主から見て安心して委託できる気持ちになります。物流企業にとってこうした取り組みを行うことは，営業面でプラスになるでしょう。

6 物流の外部委託

(1) 物流外部委託の検討

経営戦略を定める中で，自社物流をアウトソーシングする決断をすることも場合によってはあるでしょう。自社の本業で無い部分であれば，外部業者に委託するのも一つの方策です。特に創業間もない企業や中小企業では，自社のコア業務に特化できる体制を作ることが功を奏することもあります。

しかし，物流の倉庫作業や輸送そのものを自社で行うことが他社との差別化になったり，他社と競争する上で有利になるならば，アウトソーシングすべきではありません。

物流の強みと言えば，山崎製パンの物流網が挙げられます。山崎製パンは広域の物流ネットワークを早い時期から構築しており，それが同社の強みの一つでもあります。食品メーカーがコンビニエンスストアに納品する場合，一般的には共同配送の仕組みにのせますが，山崎製パンでは自社物流によって各店へ直接配送しています。様々な企業が物流（特に運送業務）をアウトソーシングする中でも，同社は自社物流を続けています。この様に守るべき物流の強みがある場合は，アウトソーシングは選択しないことになります。

(2) 物流委託先の選定

実際に物流をアウトソースする場合，競争入札を通じて物流委託先企業を選択されることでしょう。

入札を行うにあたり重要なことは，ご自分の会社の「物流要件定義」を必ず行い，それを書面にして委託先候補に渡すことです。物流要件定義とは，自社の物流業務において行わねばならない必須要件を明確化することです。例えば，日々の出荷量，在庫量，注文件数など物量に関係する情報や，冷蔵製品の保管温度条件，流通加工の種類と作業手順など，様々な「要件」を明確化すること

です。なお一般にこの書面は「提案要求書」と呼ばれており，英語ではRFP（Request for Proposal）といいます。

　情報システムの構築をシステム業者に依頼する場合，RFPを作ります。RFPが無ければシステム設計はできません。物流の場合もRFPを作ることが必要なのですが，RFPを作らずに物流業者とのインタビューで条件を伝えて話を済ませているケースも見受けられます。しかし**要件を書面化して委託元と委託先で共通認識を持っておかないと，後から「話が違う」といったトラブルが起きやすくなる**ので注意しましょう。

7　IT知識

（1）ITの進展と物流高度化

　物流高度化が進展した理由の大きな要因として，情報技術（IT）の発達があります。倉庫内の荷動き，作業進捗管理，輸送管理等々，物流のあらゆる部分にITが利用され，物流とは切っても切れない関係なのはご承知の通りです。

　ITの高度化が物流の高度化をもたらすと，今度はさらに高い次元の物流管理や物流サービスを実現できる情報技術が求められるようになります。こういった流れが一連のサイクルとなって，物流が高度化・緻密化していきます。ですから，物流管理職としては情報技術に関する新しい動向を常に収集していかなければなりません。IT系の雑誌，展示会，セミナー等の情報ソースを日頃から当たっておくことが大事です。有用な情報は急に集めようとしても，なかなか集まるものではありません。

（2）IT導入にあたり考えるべきこと

　新しい情報システムの導入は，戦略的に考えなくてはなりません。社内の目先の問題解決にばかり気を取られてしまうと，対症療法的なシステムになってしまいます。戦略的と言うことは第1章でも述べたように，経営環境を踏まえた方策を取ると言うことです。それは基幹システムであっても，物流関連のシステムであっても同じことです。ここではITが関連する，今日の物流を取り

巻く状況について、マクロ的に整理してみます。

[今日の状況]
① 消費行動の多様化により、消費財ではアイテムが増える傾向にある。また商品ライフサイクルが短縮化している。よって新しい商品データが次々に増加し、処理データ量も増加している。
② 消費者の電子商取引（Eコマース、EC）が増加している。しかし日本のEC化度はアメリカやイギリスなどと比べてまだ低いため、さらなる増加の余地がある。
③ インターネット通信販売の取扱量増加に伴い、多頻度小口配送化が加速し、出荷に関係する処理データ量が増加している。また、注文翌日配送も一般化し、納品までのスピード化が求められている。同時に、企業が扱う個人情報の量が増加し、セキュリティの一層の強化が必要となっている。
④ 企業間の取引条件として、EDI（電子データ交換）が前提になるケースも以前からあるが、今後もWebEDIなどが増加すると考えられる。
⑤ サプライチェーン・マネジメント、ディマンドチェーン・マネジメントなど需要情報を活用した、在庫などのムダを無くすための取り組みがより一層求められている。
⑥ 食の安全で話題に上る、トレーサビリティを高めることが企業の責務になっている。
⑦ 在庫や配送に関するリアルタイム情報が求められている。バッチ情報処理からリアルタイム処理への移行が進むと想定される。
⑧ 入出荷や在庫など、物流生データをシステムから随時ダウンロードして、オフィスソフトで分析したり資料として加工するケースが増えている。
⑨ クラウドサービスが個人にまで浸透してきている。

例として様々挙げてみましたが、他にも留意すべき状況は多々あります。また業界ごとに固有の状況や環境変化があるでしょうから、そうした大局的な傾

第3章 物流管理職に必要な「知識」を身に付けよう

向は押さえておきましょう。より**大きな潮流を踏まえて個々の要件を考えないと，経営環境とずれたシステムになってしまう**からです。

　戦略に沿った物流システム導入を考える場合，ハード面・ソフト面の両面から考えましょう。例えばWeb通販企業でスピードを重視するのであれば，物流センター内の機器も読み取り性能の高いスキャナーを使い，処理速度の速いコンピューターや作業進捗管理が充実したソフトなどが必要となるでしょう。食の安全を売りにする企業であれば，トレーサビリティを高めるためにICタグを導入したり，製品の経由場所をトレースできるシステムが必要になります。

　一方，物流業務要求の受け皿となる今日の情報技術は，ネットワークの通信速度高速化，コンピューターのデータ処理能力向上，端末の小型化，各種機器の低価格化など「高度化・低価格化」が進んでいます。ご承知の様に情報技術の世界では数年経つと全く新しい製品や技術が登場してくる時代ですから，物流管理職としてはこうしたITのトレンドにも着目しておきましょう。

　実際，物流現場でピッキングなどに使用する端末一つを取っても，変化が生じています。以前は物流現場専用に開発された端末（ハンディターミナル）を作業員に持たせて業務を行っていましたが，今はタブレット端末も導入されてきています。また音声による作業員へのピッキング指示が出来るシステムも登場しています。

（3）　クラウドの活用

　近年，ASPサービス（クラウドサービス）を提供する事業者も増加し，システムユーザー企業にとっては良い状況が生じています。ASPとはApplication Service Providerの略で，ASPがサーバー上でアプリケーションソフトを管理しながら，通信ネットワークを通じてユーザー企業にそのソフトを利用させるものです。近年の通信回線の高速化など，ASPを利用するための環境が整ったことで，ASPサービスの利用普及は進んでいます。また最近ではタブレット端末がノートパソコンのシェアを大きく奪っているほど，急速に普及を続けています。このようなタブレット端末とASPサービスとを組み合わせて，価

格面では比較的安価なシステム構築・導入が可能になってきています。またシステムのバージョンアップ作業もASP側で行うので，ユーザー側の負荷は以前と比べて減少しました。「クラウド（クラウドコンピューティング）」の概念が一般化し，今や個人でもクラウドのサーバーにデータ保管し，タブレット端末でファイル閲覧・操作を行う時代です。ASPサービスの更なる利用促進が見込まれます。

　ASPサービスなら従来の様な大掛かりなシステム導入と違って投資金額を押さえることができ，費用は月次の利用料金となります。ただしライセンス数が増えてくると費用も割とかさんでくることもあるので，試算は十分に行う必要があります。

（4）　自分でデータ分析してみる

　さて，様々な物流データをシステムからダウンロードして，ご自分で加工して表やグラフなどの資料を作るケースも多いと思います。この様な資料作りに，表計算ソフトを日常利用されていることでしょう。表計算ソフトもかなり高機能化されており，使い勝手も向上していますが，今でも集計値や平均値の算出程度にしか利用していない方も意外と多い様です。物流関係の分析においては，表計算ソフトの持つ機能を活用すればかなりのことができます。管理職の方でパソコンソフトに苦手意識があるからといって部下にばかり作成を任せていると，ご自分のデータ分析能力は向上しません。自分でデータ操作をしながら，データから傾向を見つけたり，将来予測の数字を作ったりするなど，物流管理職ならご自分でもある程度はできるようにしておきましょう。

8　海外取引

（1）　輸出入が増える？

　この本を読んで頂いている方の中には，国内物流のみを行っている企業に勤務されている方もおられると思います。しかし，今後は輸出入に関係する業務が加わってこないとも限りません。それは，今後の日本は今まで以上に海外に

活路を求めることになると考えられるからです。その背景には少子高齢化の更なる進展があります。今後少子高齢化が進み内需が縮小すれば，当然海外市場向けの輸出に打って出る方向になるでしょう。また国内生産の空洞化が進めば，開発途上国で生産した安い製品を輸入する機会も更に増えるかもしれません。TPP（環太平洋経済連携協定）など海外との貿易が増加する要因も手伝って輸出入量は増えるでしょうし，新たに輸出入事業を始める企業も増加するかもしれません。

そこで，輸出入物流に関わる方が知っておくべきごく基本的なことについて，ご説明致します。既に輸出入物流を行っており，知識をお持ちの方は読み飛ばして頂いて構いません。

（2） 輸出入物流の基本

輸出入物流においてごく基本的な事柄を述べておきます。

① 輸送手段

日本が島国である以上，輸出入に用いる輸送手段は限られてしまいます。船，または航空機による輸送のいずれかになります。

船舶・航空機いずれで輸送するとしても，直接船会社や航空会社には依頼せず，国際輸送の代理店業務を行うフォワーダー（Forwarder）に輸送の依頼をするのが通常です。

② 通関

商業用の貨物は全て税関で申告することになります。輸入貨物の場合，輸入申告書を提出し，輸入する製品の内容の申告と関税・消費税の納税申告を行う必要があります。日本に輸入する物品は，全て一旦「保税地域」という場所に「外国貨物」の状態で留め置きされます。保税とは「関税未納の状態で留保されている」という意味で，保税地域は関税法上外国と同じ扱いです。保税地域に置かれた貨物は，関税・消費税を納付後に初めて貨物を引き取ることができ，「内国貨物」になります。

輸入関税の計算ですが，関税は仕入商品代金だけに掛かるものではありませ

ん。課税の対象になるのは基本的に，

輸入商品代金(Cost) + 貨物保険代(Insurance) + 国際輸送の運賃(Freight)

の3要素を合計した金額であり，それぞれの要素の頭文字を取ってCIF価格と呼びます。基本的にはこのCIF価格が課税対象の価格（課税価格）になります。さらにこの課税価格に加算・減算の調整が入る場合があります。例えば，海外で生産したアパレル品を輸入する際に，生産に先立って日本からロゴの入った襟タグを海外工場に無償で送付し，それを縫い付けた状態でアパレル品を輸入するとします。この時，タグの代金は輸入する製品の価格を構成するものとして，輸入品の課税対象になります。その他にも，様々な課税価格の調整要素があり，それだけでも一冊の本になる程のパターンがあります。この調整のための申告を「評価申告」と呼びます。

なお輸出の場合税関への輸出申告は必要ですが，輸出に伴う関税・消費税は掛かりません。

商業用の貨物は輸入頻度も高く，申告に係る専門知識も必要なことから，通常は通関を専門に行う「通関業者」に申告業務を代行してもらいます。通常はフォワーダーと通関業者は兼務しているので，あえて別々の会社に頼まずに，同じ会社に輸送から通関まで任せるのが便利です。

③ 輸出入関係の法令

貨物の輸出入に当たっては，輸出入を規制する法令に注意する必要があります。輸入で言えば，良くニュースでも報道されているワシントン条約に該当する動植物の取引，薬事法，食品衛生法，などを初めとして多数の法律が関係してきます。輸入する製品の規制については，事前に官公署や日本貿易振興機構（JETRO）などの専門機関に相談しておくのが良いでしょう。

輸出入関係法令の一部を表に示します（**図表3-15**）。

図表3-15 物品輸入に関する法律の抜粋

法律名	主な対象物品	法の主旨など
関税法	輸入禁制品（麻薬，著作権侵害物品，病原体，等）	関税の確定・納付や，貨物の輸出入についての税関手続を定めたもの
ワシントン条約（輸入貿易管理令）	絶滅のおそれのある種	国際取引によって生存を脅かされている又は絶滅してしまう恐れのある野生動植物の保護
薬事法	医薬品，医療機器，化粧品	医薬品，医薬部外品，化粧品及び医療機器の品質，有効性及び安全性の確保
食品衛生法	食品，食器，おもちゃ	食品の安全性の確保
消費生活用製品安全法	多岐に渡る（ライター，ヘルメット，石油ストーブ，etc.）	消費生活用製品による一般消費者の生命又は身体に対する危害の防止（PSCマーク）
家畜伝染病予防法	牛，馬，鳥，犬等の動物，その加工品など	家畜の伝染性疾病などの発生予防及びまん延を防止
景品表示法	各種商品（品質について誤認を与える表示）	商品及び役務の取引に関連する不当な景品類及び表示による顧客の誘引を防止（消費者保護）
植物防疫法	植物類	輸出入植物の検疫，植物に有害な動植物の駆除及びそのまん延の防止
電気用品安全法	電気製品	電気用品の安全性の確保（PSEマーク）
毒物及び劇物取締法	水銀，硫酸，農薬など	毒物及び劇物について，保健衛生上の見地から必要な取締を行う
製造物責任法（PL法）	各種製品（輸入品の場合，輸入者が製造業者にあたる）	製造物の欠陥により人の生命，身体又は財産に係る被害が生じた場合における，製造業者等の損害賠償の責任について定め，被害者を保護する

2014年9月現在

［注意］
- 上記の表は，物品輸入に関わる法律の例を一部挙げたものであり，その他にも多くの法律が存在します。
- 実際の法律は対象品目や適用の条件について細かく規定しています。詳しい情報は関係官署や日本貿易振興機構（JETRO）などにお問い合わせ下さい。

9　物流関連の法令

(1)　国内物流関連

　国内で物流業務を行う方が知っておくべき法律も多数あります。全て覚える訳にはいかないと思いますが、重要な法律はもちろんおさえておくと共に、必要な時にはすぐに調べるようにしましょう。特に法改正には注意が必要です。

　第2章で企業の社会的責任について触れましたが、コンプライアンスが重要視される時代です。「法律を知らなかった」では済まされませんので、慎重に対応しましょう。特に、物流管理職の方が法律について理解していても、部下が法律を良く理解せずに違法行為をしてしまうことも考えられます。普段からコンプライアンス教育をしておくことが重要なので、人事や法務部門と連携しながら進めるようにしましょう。

　国内物流関係法令の一部をご参考までに表に示します（**図表3-16**）。

図表3-16　国内物流に関係する主な法律(例)

分類	法律名
運輸	貨物自動車運送事業法、貨物運送取扱事業法、道路交通法、海上運送法、内航海運業法、港湾運送事業法、港湾労働法、貨物利用運送事業法、自動車ターミナル法など
倉庫	倉庫業法、薬事法、食品衛生法、消防法
労働	労働基準法、労働安全衛生法
流通	中小企業流通業務効率化法、 流通市街地の整備に関する法律、 流通業務の総合化及び効率化の促進に関する法律
取引	独占禁止法、下請法
環境	廃棄物処理法、容器リサイクル法

2014年9月現在

第4章 物流管理職に求められる「能力」

1 コミュニケーション力がものを言う

(1) 人間関係構築力は物流に必要である

　組織の中で働く場合，どのような職務であっても必要になるのが「人間関係構築力」です。言うまでも無く人間関係を作る上では，コミュニケーション能力を必要とします。

　企業内は機能別に部門を編成することが多いわけですが，それぞれの部門には課せられた使命があり，各部門のメンバーは自部門の利益のために活動することが多くなります。そうした部門の利益追求が部門間の利害対立を生むことも多く，部門間の壁が出来てしまいます。いわゆるセクショナリズムであり，皆さんも日々お感じのことかと思います。こうしたセクショナリズム，つまり部分最適の発想が，サプライチェーン・マネジメントの目的である全体最適の阻害要因となっていることは，既にご説明した通りです。

　物流部門は製造部門や営業部門など他部門と密接に関わりながら，物の流れを作る部門ですから，他部門との関係性構築がとても重要です。またサプライチェーン・マネジメントを行うには企業間の交渉・調整が要求され，企業外部への働きかけも行わなければなりません。従って，物流管理職には社内外を問わず利害関係の調整能力が必要とされ，そのためにはコミュニケーション能力を発揮しなければなりません。かつての様な，製品を右から左に命令されたように動かすことが物流の使命であるならば，コミュニケーション能力はあまり要求されないでしょう。しかし現在の物流は状況が異なるのです。

　人間関係構築の基本は，コミュニケーションにあります。それも，直接顔を合わせてのコミュニケーションが大切です。どれほど情報処理技術が進んで

メールでのコミュニケーションが便利になろうとも，情報共有ツールなどが構築されようとも，**人間同士の生のコミュニケーションほど強力に相手に訴えかけられるものはありません**。特に込み入った話や重要な依頼事項は，顔を突き合わせることが有効なのは，誰もが頭では分かっていることでしょう。

　ただ，こうしたコミュニケーションに苦手意識を持つ方も多いのではないでしょうか。特に，物流部門を含む間接部門の方というのは，営業の方と比べると一般的にコミュニケーションが苦手な方も少なくないようです。苦手であること自体は仕方の無いことではありますが，物流管理職の調整能力が全体最適化の要であるならば，苦手で済ませる訳にもいきません。

　そこで，コミュニケーションを少しでも円滑に行い，相手との関係性を作る方法を列挙します（**図表4-1**）。

---

① 会う回数を増やす
② 相手の話の聞き役に回る
③ 相手の役に立つことを優先する

　実は，この3つを実践するだけでも相手の気持ちを自分に引き付けて，人間関係を良くすることが，かなりの確率で可能になります。

① 会う回数を増やす

　相手と一度に長い時間顔を合わせるよりも，回数を多く会う方が親密度は高まります。これを「ザイオンス効果」と言います。交渉すべき相手と会うことを億劫がらずに，会う回数を増やしていきましょう。

② 相手の話の聞き役に回る

　人は自分の話を聴いてくれる人に対して，悪い評価をすることは少ないものです。むしろ良い人だと思ってもらえるでしょう。もしあなたが話すことが苦手であれば，聞き役に回ることが有効で，かつ実践しやすい方法だと言えます。話し上手は必ずしもたくさん喋ることではありません。皆さんも様々な方との

図表4－1　良い人間関係を作る方法の例

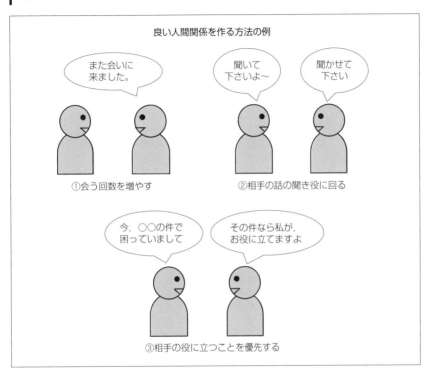

会話の中で，自分のことを一方的に話す人を煙たく感じたことがあると思います。その逆を行く様に，相手の話を積極的に傾聴するようにしましょう。そうすれば，相手は心を開いてくれることでしょう。

③　相手の役に立つことを優先する

自分の利益よりまずは相手に何かをしてあげることです。例えば営業部門の緊急出荷の無理な依頼を多少は聞いて，便宜を図ってみるなどです。人は相手から何かをしてもらうと，お返しをしたくなる傾向をもっています。自分が相手からしてもらいながら何も返さずにいると，礼儀知らずな人間だと思われるのでは無いか，という心理が働くものです。今度は相手の方から便宜を図ってくれることでしょう。こうした心理を「返報性の法則」と言います。

以上のことを普段から行えば，人間関係が構築され，コミュニケーションも活発になる可能性が高まります。部門間の協力関係も良好になり，全体最適化の話し合いの土壌を作ることが出来ます。また，部門間協力に限らず，部下との関係性作りにも役立つ考え方です。

（2）プレゼンテーション力で人を動かす

　物流の上級管理職ともなると，社内外でのプレゼンテーションを行う機会もあると思います。例えば，物流改革についての必要性を説明したり，物流の現状の問題点などを知らせたり，あるいは物流アウトソーシング先を決める入札では候補業者を前にして自社の業務要件を伝えたり，様々なケースが考えられます。こうしたプレゼンテーションで意図をしっかり伝える能力が，部門リーダーである物流管理職には要求されます。

　コミュニケーションの中には1対1のコミュニケーションもあれば，1対多の場合もあります。大勢の前でプレゼンテーションを行うケースもあるでしょう。こうしたプレゼンテーションを，苦手とする方は少なくありません。プレゼンテーションというと，プレゼンテーションソフトを使いこなしながら，笑顔でジェスチャーを入れながら堂々と人前で話す，といったイメージでとらえられている方も多いでしょう。そうした堂々としたプレゼンテーションを見ていると，「自分にはとても無理」と尻込みする方もいるかもしれません。しかし皆さんはプロの講演者では無いので，あまり気張る必要はありません。ここではプレゼンテーションを行うにあたってのポイントをいくつか述べてみましょう。

---

① プレゼンテーション相手が誰かを良く考える
② コミュニケーション（双方向性）を意識する
③ 質問をあらかじめ想定しておく
④ プレゼンテーションファイルは端的に表現する

⑤　練習する
⑥　熱意を持って伝える

① プレゼンテーションの相手が誰かによって，伝え方を変えなければなりません。相手が経営者であったら，端的に説明することを心がけましょう。長々と経緯を初めから説明していると，経営者は「君は何が言いたいのかね？」と言いたくなるものです。また，プレゼンテーションにストーリー性を持たせることも，説得のために必要です。現状の問題点が何で，どのような解決策が必要で，結果的にどうなるのか，を思考の流れに沿って説明していきます。何を経営者に意思決定して欲しいのかも明確にしましょう。予算枠を確保したいのか，早期着手の許可が欲しいのか，等を事前に明確にしておきます。

② よく，プレゼンターが一方的に話をするのがプレゼンテーションと思われがちです。実際，一方的に言い放って終わりにする方もおられます。とりあえずこの場の説明を早く終えようと言う意識なのかとても早口で話したり，終始下を向いて手元原稿だけを見て話をしたり，また相手が理解していないのに話を自分のペースで進めたりする方もおられます。これでは何のためのプレゼンテーションかわかりません。大事なことは，プレゼンターが聞き手の反応を見ながら，相互にコミュニケーションを取る様に話をすることです。聞き手の目を見ることも，話を伝えるのに必要なことです。もし聞き手に内容が理解されていないようなら，表現を変えてみるなどして理解を促しましょう。一方的に話していると聞き手が途中で聞く気を失ってしまうこともありますので，注意して下さい。

③ 予め参加者の質問を想定しておくことで，プレゼンテーションを比較的安心して行うことが出来ます。自分が聞く側だったらどのような質問をするか，

考えてみましょう。そして質問されるであろうことは予め発表内容を書いた手元原稿の中に盛り込んでおき，プレゼンテーションを聴けばその疑問が解決される様にしておくのがベストではあります。しかし実際には想定外の質問も出ることもあるでしょう。その場合も慌てる必要はなく，即答できることは答えるとして，即答できない質問に対しては「調べて後日お知らせします」と伝えれば良いのです。適当な答えを取り繕う方が問題になるので，後日きちんと回答するようにしましょう。

④　プレゼンテーションファイル(スライド)上では，わかりやすさ・伝わりやすさが最重要です。「短い文」「キーワード」「やさしい言葉」を使って，端的に表現しましょう。また，写真や図表などを使って「目で見てわかる」工夫をすれば，ムダな文章を削減できます。反対に長文や難解な表現，専門用語を多用することは相手を混乱させたり，聞く気を失くさせたりする原因になりますので注意しましょう。これらは至って当たり前のことなのですが，この基本に沿っていないプレゼンテーションをとても多く見かけます。ムダな表現をできる限り削っていき，「端的で引き締まった」プレゼンテーションファイルを作って下さい。よく「プレゼンテーション作成ソフトをうまく使えません」とおっしゃる方が結構おられます。確かに綺麗なデザインを使い，アニメーションを入れたりするのが上手な方もおられますが，こうした装飾的な面に力を入れる必要はありません。プロの講演者では無いのですから，ソフトの使いこなしなどあまり考える必要はありません。

⑤　事前練習をしておくことは重要です。練習をしておけば当日上がり気味になったとしても，練習したことを再現しやすくなるのは敢えて言うまでも無いことです。加えて，プレゼンテーションに慣れていない方は持ち時間をオーバーして話してしまうことが多い様に思います。時間が伸びると聞いている方もダレてしまいますし，次の講演者が控えている場合にはその方の持ち時間を奪うことにもなり，良いことはありません。ですから，時間内に話すと言うことは絶対条件だと考えましょう。そのためには事前練習を行い，時間オーバーする様なら原稿の内容を削って絞り込みましょう。余程慣れて

いる方でない限り，当日人前に立って話の内容の量を自在に調整することは難しいからです。
⑥ プレゼンテーションによって相手に意思を伝え，相手を動かそうと言う場合には「熱意」が欠かせません。人というものはなかなか論理だけで動いてはくれないものです。相手の意思の強さを感じないと，アクションを起こす気になってくれません。逆の立場に立てばわかることですが，相手があまり熱心でもないのに，あなたは相手の言ったことを実行しようと思うでしょうか。プロの経営コンサルタントでもクライアント企業に行動を起こしてもらいたい時には，単に理論だけ並べ立てているわけではなく，行動を起こす必要性について熱意を持って説明しているものです。「仕事をやらされている」意識でプレゼンテーションをすると，相手はその熱意の無さを感じ取るものです。そうした意味で，相手を説得する意思を持って臨んで頂きたいと思います。

(3) 英会話力について　① 重要性

コミュニケーションは，何も日本語に限った話ではありません。昨今の様に国際化が進み外国人との交流が増えてくれば，外国語でコミュニケーションを取る機会も増えてくるのが当然です。コスト競争の中で新興国での生産が増加して輸入量が増え，また海外市場を狙った輸出が増えるようになっている状況ですから，物流管理職にとっても海外とのコミュニケーションの機会は増加しています。

この様に様々な国とのやり取りが増える中でも，世界的なビジネス語として用いられているのはやはり「英語」が主流です。英語力，特に会話力を身に付けておくと，物流管理職の今後の活躍の場は広がるでしょう。マスコミで報道されている様に，社内公用語を英語にするといった企業も少数ながら出てきた状況ですから，皆さんの会社もいつそうなるとも限りません。今まで海外取引が無い企業でも今後貿易を始めることになれば，物流部門も国際間輸送や通関など何らかの形で英語を使う場面も出てくるでしょう。また海外の生産・物流

拠点へ転勤になることは，会社勤めであれば大いにあり得ることです。そうした時に備えて，英会話を学んでおくことは有意義です。

（4）英会話力について　②　私の学習法

　私は20代半ばで外資系企業に転職しました。外資系と一口に言っても企業や職種によって求められる英語力は異なるので，当時は英検2級レベルでしたが通関士資格と抱き合わせで，その会社の面接をパスできました。しかし入社後は英会話をかなり勉強しました。英語圏への留学の無い私は，悪戦苦闘しながら英会話力をどうにか身に付けていったものです。当時はEメールも無く，FAXと電話だけでやり取りをしていた時代です。電話で何とかして意思を伝えねばならず，振り返ってみればそれが私の英語力のトレーニングになったと思います。英語を使う必要に迫られる環境に身を置くのが，英会話を身に付ける最も近道だと感じました。

　ここでは英語を学ぶ＝英会話を学ぶ，として話をします。日本人は読み書きについては学校でも大学受験でも学習する方が多いですし，会話と違って何度も読み返したり書き直したりができるので，努力次第で身に付く可能性は高いでしょう。しかし英会話となれば話は変わってきます。

　社会人が英会話を学ぶには，概ね次の2つの道に分かれます。1つは日本で会社に勤めながら英会話を学ぶ，もう一つは会社を辞めて海外留学する方法です。

　前者の「日本で会社に勤めながら勉強する」ことに関しては，なかなか英会話力が身に付かないのが実情でしょう。英語圏で海外生活するのと比べて，英会話をする時間が圧倒的に不足するからです。よって，英会話教室を利用するのが最もポピュラーな方法でしょう。今では会社で英会話講師と契約して社内英会話教室を実施している企業もありますが，多くの場合自分で授業料を払ってレッスンを受けることになります。

　後者の会社を辞めて海外留学するのは，国内に留まって勉強するより効果は大きいでしょう。私が複数の外資系で感じたのは，やはり英会話がスムースに

出来る方は海外留学経験をお持ちの方がはるかに多いのが現実です。会社を辞めて海外留学した方は，決意の固い方が多いのか英会話力を身に付けて帰国しています。

これは英語の専門家でもない私の持論に過ぎませんが，日本人が英会話学習で苦労する一つの要因は，英語を英語のまま受け止めないクセが身に付いてしまっているからだと推測しています。例えば，

- 英語の音を必ずカタカナ音に置き換えてしまう
- 返り読みの習慣を身に付けてしまう
- 和製英語を作り上げてしまう

といった行動が習慣化しているのです。

ネイティブの発音はカタカナ音に無理やり当てはめ，英文を読む時は受験勉強のクセで「返り読み」（日本語と語順が違うから）を行い，また和製英語に見られるように英単語を本来と違う意味で定着させたり（例　ナイーブ，マンション），とにかく英語をそのまま受け止めないことが多い様に思います。英語を日本流に一旦変換してしまうから，かえって学習に労力が掛かっているのではないでしょうか。特に返り読みは，実際の英語とは異なる思考方法を刷り込んでいるようなものですから良くありません。英語を読む時も絶対に返り読みせず，**前から後ろへ「読み下し」していく練習を繰り返しましょう**。英語を英語のまま素直に受け止めることに注力すると，結局は上達の近道になるものと考えます。

何と言っても英会話力を身に付けるには英語を聴き・話す時間をどれだけ長く取れるか，そして自分でボキャブラリーを増やす努力をしているか，の2つが大きなポイントになります。また**相手の英語を聴き，それに反応して自分が英語を話し，その自分の話した英語を自分自身の耳で聴く**，というインプット

とアウトプットをループさせることが，英会話力を高めることになると経験的に思います。

　少し話が勉強法に寄ってしまいましたが，今後の流通は海外との垣根がより低くなり，物流業務も国際化が加速すると予測されるため，物流関係者は「英語は自分と関係ない」と言い切れなくなるでしょう。特に物流管理職は経営者のアドバイザーとして，グローバルな調達と供給のネットワークを構築し，戦略的な物流を組み込んだビジネスモデルを作ることも求められるかも知れません。そうしたとき，英語はあなたの大事なツールになるでしょう。

2　リーダーシップ

(1)　改善と改革

　既に述べた通り，物流業務はかつての様に言われた通り出荷をこなすだけの業務ではありません。今では自発的に業務上の問題点を探し，改善し続けていくことが求められます。比較的小さな改良は「改善」ですが，時には大掛かりなトップダウンによる「改革」も必要となります。物流管理職として改善を部門メンバーで協力して行わせることはもちろんですが，改革を先導することも必要になります。

　改善と改革は，その行動の規模だけでなく，より大きな違いがあります。それは改革を行う場合，改善と異なり抵抗する人々が出てくることです。既得権益を持った人は，改革によりそれを失うことを嫌いますから，改革への抵抗勢力になることもあります。例えば，物流部門内の組織編成を大幅に変える場合です。完全な縦割り組織で業務を分担し合っている状況はありがちですが，一人一人の担当者だけが業務を知っているケースでは，企業はリスクを抱えることになります。その担当者が急病で入院でもしようものなら，誰も業務が解らず業務が止まりますし，また担当者の業務上の失敗も表面に出にくいので，物流管理職の知らないところで問題が悪化する，といったリスクです。そのような事態を防ぐために，一つの業務を複数のスタッフで受け持つことや，マニュ

アル化を行う等の方法が良く採られます。こうした場合に、現在の担当者は他の者に仕事を取られると思い抵抗を示すこともあるので、改革がうまく進まない事態も発生します。

(2) 「改革の精神」を持とう

しかし、どれほど抵抗があったとしても、改革は進めなければいけない状況はあります。そうした場合、物流管理職がリーダーシップを発揮できるかどうかが問われてきます。改革を進める技術的な方法論を知っておくことはもちろんですが、実は改革者の「意思」が大変重要です。「改革の精神」と言っても良いと思います。改革の精神には「改革に着手する意思」と「改革を進める意思」の双方が必要です。「改革に着手する意思」とは普段から問題点を探し、必要があれば既存のやり方を壊してでも新しい方法に取り組むことです。「改革を進める意思」とは、どのような抵抗があっても困難を乗り越えて使命を達する意思です。決して安直な精神論を言っているのではなく、抵抗勢力との粘り強い交渉は必要ですし、加えて忙しくて体力的に厳しくなっても改革を続けるだけの強い意志がどうしても必要になって来るものです。

改革において物流管理職は、改革の目的を十分に関係者に説明すると共に、抵抗勢力を改革チームに任命して取り込んでしまうなどの方法論も重要です。加えて、改革の精神を持って頂くことが重要になります。

(3) リーダーシップの基本

物流はその業務の性質上、多くの労働力を要するのが普通です。現場作業には倉庫作業や運送に関わる人々がおり、またオフィスでの物流業務を行うスタッフがいます。物流管理では多くのスタッフを束ねて、チームとして活動することが求められるのは言うまでもありません。物流管理職がチームの先頭に立ってリーダーシップを発揮することは、非常に重要なことです。

さてリーダーシップを取るにはどうしたら良いのでしょうか？皆さんの周りを見渡してみると、リーダーシップにもパターンがあることにお気づきでしょ

う。ある人は部下の信頼を得ながら組織をまとめるが，ある人は強引に部下を統制するなど，パターンがいくつかあると思います。しかし一般的にどのようなスタイルを取ることが，最も好ましいのでしょうか。

基本的には，**従業員参加型のリーダーシップ**を取ることが良いとされています。つまり，独裁的なリーダーではなく，**民主的なリーダーの方が，成果が上がりやすい**のです。ここで知って頂きたいのは，人は自己実現の欲求を持っているということです。この本を読んでいる皆さんも物流管理職としてのスキルアップを図ろうという，自己実現欲求をお持ちだと思います。欲求の程度の差こそあれ，そうした自分自身の中から発せられる向上心を誰しも持っているので，その向上心を理解していなければリーダーシップは発揮できません。その向上心を無視するかのように，全て上からの命令で支配するような方法では，部下はついてきません。むしろ，部下の自己実現をアシストするタイプの方が，リーダーとしての成功を得やすいと言えます（図表4－2）。

実際の企業内を見てみると，パワーハラスメントは論外ですが，高圧的・命令的な管理職も多くいます。みなさんの周りにもそうした方がおられるかも知れません。部下がどう考えるかは二の次で，命令だけを下していきます。会議は開くものの，結論は自分の考えに落ち着かせます。こうした管理職者は短期

図表4－2　リーダーシップの類型

類型	説明
放任的	リーダーは部下の集団行動に関与しない
専制的	リーダーが全ての事項を決めて，部下は従うのみ
民主的	部下の意図・関心を考慮しながら集団を方向付けする

三つの類型の中では，民主的で参加型のリーダーシップが最も高い成果を上げることができる。

（アメリカの心理学者レビンのアイオワ研究より）

的には成果を出せることもあるかも知れませんが，部下の本当の能力を引き出すことが出来無いので，長い目で見ると組織力を発揮できません。

組織力を発揮するには，個々の構成員の力を引き出し，その総和が最大化する様なリーダーシップが必要です。

（4） 組織力の発揮

アメリカの経営学者バーナードは，組織が成立するための要件として，「**共通目的**」「**協働意欲**」「**コミュニケーション**」の３つを掲げました。共通目的とは，組織の構成メンバーが同じ方向を向いて仕事をするための組織目標です。協働意欲とは，共通目的の達成に貢献しようという意欲のことです。コミュニケーションは言うまでも無く，組織内の意思疎通を指しますが，その重要性は本章の冒頭で既に述べた通りです。こうした３つの要素が揃ってこそ，組織力が初めて発揮されるのです。リーダーである物流管理職は，この３つの要素をまず意識しましょう（**図表４－３**）。

まず，物流部門の存在意義・目的・役割を部下に示すことが必要です。例えば通販会社なら，物流部門は単なる注文の後処理部門ではなく，自社と顧客を物理的に直結するパイプ役であり，事業の要となるインフラの管理を担ってい

図表４－３　組織成立の３要素

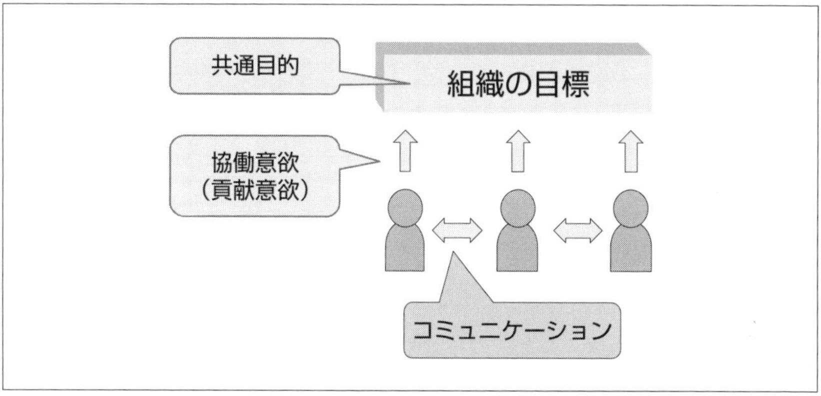

るということなどを伝えねばなりません。協働意欲に関しては，部下一人一人が組織に貢献していきながら同時に自己実現を図っていく，という観点が必要です。つまり，企業の発展と個人の成長をリンクさせるということです。コミュニケーションについては，メンバー同士が話し合いながら仕事の進め方を決めるように物流管理職がお膳立てしたり，また組織構成メンバー同士の軋轢（あつれき）を調整することも必要です。

　組織を運営するには，部下の感情面への配慮が重要です。人間は感情の動物と良く言われますが，**論理の正当性だけで人を動かそうとしても動いてくれない**のは容易に理解して頂けると思います。感情は人が働く際の動力源なので，いかに感情面の調整ができるかが組織を率いるリーダーの能力であると言えます。部下を組織目的に向かわせるために，モチベーションが高まるような配慮をしましょう。一つには部下に仕事を任せてみて，自分が仕事を切り盛りしている「**自己効力感**」を味わってもらうことが必要です。「自分でやった方が速い」と考える上司もおられますが，それでは部下は成長できません。また成果を上げた際には，部下をほめたり労をねぎらうことが必要です。部下に対して感謝の言葉を中々口に出来ない方もいますが，立場を入れ替えて考えてみましょう。自分が上司から「ありがとう」と言われればやる気が出るのではないでしょうか。

　リーダーの配慮とは，例えて言うならば部下の心のエンジンに対する燃料の様なものです。また，「人はパンのみにて生きるにあらず」の言葉通り，ボーナスなど金銭的報酬さえ出していれば従業員は喜んで働くと思ったら大きな誤りです。リーダーの配慮の積み重ねが，部下の自発的な行動を起こす要因となり，組織力の強化につながるのです。

3　分　析　力

(1)　データ活用能力

　物流を分析するためには，様々なデータを収集・処理しなければなりません。在庫，入荷，出荷，など物の移動や保管・運送に関わる生データを加工し

て，在庫回転率の算出，ABC分析，出荷量の波動分析，等々の資料を作成することも多いでしょう。また物流コストについても，単純に集計を行うこともあれば，物流活動基準原価計算（物流ABC）の様に会計上の集計値を，物量や作業工数に従って配賦し直す作業も発生します。自社のシステムから入手できるデータもありますが，時にはベンチマークのために他社の参考値を二次資料から入手して資料を作成することもあるでしょう。この様に物流管理ではデータ収集や加工など，データ活用能力が要求されます。

　物流管理職の場合，こうしたデータを使用する目的を明確に持っておかなければなりません。通常は，

- 物流品質の向上
- 物流コストの適正化
- 納期改善

が主な目的でデータを使用することでしょう。そしてこれらの目的を達成するには，データを活用して改善のPDCAサイクルを回すことが必要です。計画（Plan）の段階で現状を知るためにデータを活用するのはもちろんのこと，改善活動後の検証（Check）の段階においても再度データを取って，改善度合いを確認するのは言うまでもありません。物流管理職は自ら資料を分析して現状の問題点を明らかにし，改善の道筋を立て，部門内外に示していくことが必要です。このとき，レポート上でデータを並べ立てるだけに終わらず，**プロとして分析コメントが出来るか否かで物流管理職の価値が決まってきます**。データの傾向を様々な企業活動（販売状況，生産状況，物流現場の状況，等）と結び付けて，「何が起きているのか」「なぜそうなったか」「この先どうなるのか」という解釈を加え，「何をしなければならないのか」を言葉にして関係者に示しましょう。

　実際，月次の物流レポートなど定期発行するレポート上で，単にデータやグ

ラフだけが記載されて,物流管理職としての分析コメントがほとんどされていないケースを見かけます。QCD改善のためのレポートであるのに,いつの間にかレポート作成自体が目的になってしまったのでしょう。目的の再確認が必要です。

4 プロジェクト管理能力

(1) プロジェクトを経験する意義

物流業務では課題解決などのためにプロジェクトを立ち上げて実行していくケースがあります。例えば,物流センター立上げや,在庫削減プロジェクトなどです。あるいは社内全体プロジェクトの一端を担うこともあり,ERPなど期間システム導入プロジェクト内に「物流分科会」を作るケースもあります。こうした**プロジェクトを経験しておくことが,物流管理職として部門を率いて課題解決する上で非常に役に立ちます**。組織的に課題解決を行う能力,計画立案能力,組織や計画の統制能力,利害調整能力など,プロジェクトリーダーには多くの能力を求められますが,これらの能力を鍛えるには絶好の場です。ただし,長い企業勤務の間でもプロジェクトに参加できる機会は,そうそう多くは無いでしょう。もしプロジェクトに関われるとしたら,それはキャリア形成の上でチャンスです。積極的にチャレンジしましょう。できれば若いうちにプロジェクトメンバーに参加して,プロジェクトがどのようなものか経験しておくと,将来自分でプロジェクトを仕切る際に役立ちます。

(2) プロジェクト管理の方法

プロジェクト管理の要点についても若干触れておきます。プロジェクト管理ノウハウだけでも1冊の本になる位ですから,主な留意点についてのみ挙げておきます。

① プロジェクトの目的

まず必要なのは,プロジェクトの目的・ゴールを明確にしておくことです。プロジェクトでは多くのメンバーを束ねていかねばならないので,全員が同じ

方向を向くようにリードすることが大前提になります。一体何をするプロジェクトなのか？ゴールは何か？という大前提を明確にメンバー全員に伝えます。

② スコープ

次に「スコープ」を明確にすることです。スコープとは，プロジェクトの成果物と，その成果物を作り出すために必要な作業範囲を規定したものです。物流センター立上げであれば，一番の成果物とは物流センターそのものであり，また物流センター建物の設計書，現場運用マニュアル，倉庫管理システム設計書など，物流センターを作る上で落とし込んだ要素も成果物です。また，これら成果物を作るのに必要な作業，たとえば物流センターの要件洗い出し，業務調査，建築業者入札，等々も規定します。

③ 組織およびコミュニケーション

図表4-4　ガントチャート

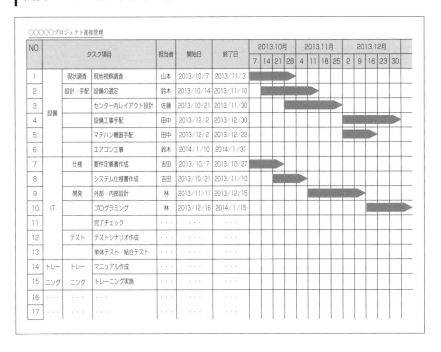

プロジェクトの組織構成に関しては，プロジェクトの総責任者（オーナー），プロジェクトリーダー，事務局，会議体，分科会の構成，等を明確にします。
　また，プロジェクトの進捗状況や現状の問題点について，組織内でコミュニケーションが図られることが大切です。お互いの誤解により情報が正確に伝わらないと，要求と違う成果物が出来てしまったり，作業のやり直し（手戻り）が発生したりします。定例報告会の実施，文書配布など，情報伝達の機会や手段・手順を予め決めておきます。

④　**時間のマネジメント**

　プロジェクトはゴール日付が決まっているので，いつまでに何を行うかを計画し，かつ進捗を十分管理していかなければ，期日に間に合わない事態が発生します。例えば，消費財の商品発売プロジェクトで考えてみましょう。それが世間で話題の人気商品であり，告知された全国一斉発売日に各店頭への商品配置が義務付けられているとします。このようなケースで，プロジェクトが遅れて発売日に商品が届かなくなった，では済まされません。プロジェクトを構成する各作業（タスク）が，一つでも遅れていないかどうかをチェックし，是正することが求められます。
　さて，こうしたプロジェクト管理では，ガントチャートが良く使われます（**図表４－４**）。ガントチャートとはプロジェクト内の細分化されたタスクの一つ一つが，決められた期間内に実施されているか否かをチェックするために使われるツールです。ガントチャートは表計算ソフトでも作ることはできますが，プロジェクト管理の専用ソフトウェアとしてマイクロソフト社の「Project」という製品なども市販されていますので，そうしたソフトを利用するのも有用でしょう。

第5章 時事問題に関心を持つ

1 時事問題への関心

(1) 物流への影響

　企業を取り巻く環境の変化は企業の生き残りに関わる問題であり，物流管理職としても関心を払っておくべき事柄です。一見物流とは関係ないと思われる話題であっても，間接的に，あるいは時間を経て影響を及ぼしてくる問題も様々あります。普段から様々な社会問題に関心を持っておきましょう。特に**物流管理職は物流アドバイザーの立場から企業のビジネスモデル立案に関与することもある訳ですから，時事問題への関心は持っておかなければなりません。**

2 少子高齢化

(1) 国内市場の縮小

　少子高齢化の問題は日頃ニュースで取り上げられているので，皆さんも関心をもってこの問題に接しておられることでしょう。

　今や少子高齢化の状況には，歯止めが掛からなくなってきています。統計によれば，2014年の年齢別人口構成は，総人口の約26％が65歳以上となっています。26年後の2040年には，その割合は約36％に達すると予想されています。総人口も減り続け，2014年の約1億2,700万人から，2040年には1億700万人に減少すると予測されています（**図表5－1**）。

　総人口減少と高齢人口増加の状況下で，日本の国内市場が縮小していくことは間違いないでしょう。そうなれば，人の移動もさることながら，物の移動も減少するわけで，物流関係者は物量減少社会を踏まえて，何をすべきか考える時に差し掛かっていると言えます。また，少子高齢化のマイナス面だけでなく，

図表5-1　日本の人口

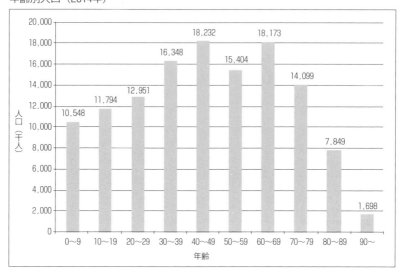

総務省統計局　人口推計（2014年5月確定値）　（2014年10月20日公表）

年齢別人口予測

年	0～14歳	15～64歳	65歳以上	合計
2014年	16,299	78,225	32,572	127,096
2020年	14,568	73,408	36,124	124,100
2030年	12,039	67,730	36,849	116,618
2040年	10,732	57,866	38,678	107,276

国立社会保障・人口問題研究所　日本の将来推計人口（平成24年1月推計）
2014年は総務省人口推計

日本市場全体の縮小，年齢分布の変化により消費が変化し，
物流にも変化が起こると推測される。

時代に即したサービスの開発が必要です。例えば、既存のサービスとしてはスーパーなどで行っている、遠出が難しい高齢者の増加に合わせた買い物代行や買い物後の配送サービスなどがあります。またそうした配送サービスと組み合わせた、一人暮らしの高齢者の見守りサービスなども存在します。顧客の各世帯と物理的につながることが出来るのが物流の特徴でもありますから、その利点を生かしたサービスを開発することは、社会的にも意義のあることだと思います。

　物流業の変遷の歴史を考えると、昔の運送業は物を大量に運ぶことが使命でしたが、ある時から小口宅配が始まったり、時間指定配送、代金引換サービスなど徐々に付加価値を高めてきています。今後、何らかの**付加価値物流サービス**が開発されれば、新たな需要が創造されるチャンスもあるでしょう。

（2）ドライバーの不足

　今、ドライバー不足が進行しており、物流関係者の間で問題となっています。ドライバーの年齢も人口構成と共に高齢化しており、若手ドライバーが不足してきています。統計によると、運転免許保有者総数に対する30歳未満保有者数の構成率は、平成15年には21.1％だったものが、平成25年には14.8％に減少しています。少子高齢化に加え、若年層の自動車離れも要因として挙げられます。高齢ドライバーもいずれは引退していくので、このままの傾向が続くとより慢性的なドライバー不足になります（**図表5-2**）。

　こうしたドライバー不足は、物流料金やサービスにも当然影響してきます。ドライバーの給与を引き上げないと求人への応募者は増えないでしょうから、運賃上昇要因になります。稼働可能なトラックの絶対数が減ってしまうと、荷主によるトラックの奪い合いが起き、それも運賃上昇要因になるでしょう。またネット通販において注文翌日配送サービスが当然になってきている中、さらに即日配送を増やす計画を持つ企業も出て来ていますが、ドライバー不足になればこうした即配サービスにも影響がでる可能性があります。

図表５−２　年齢別　運転免許保有者数

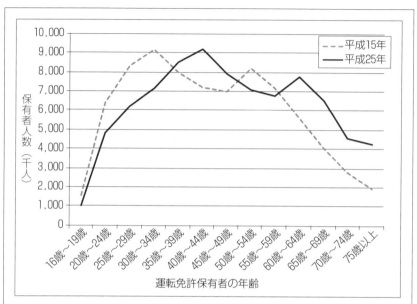

警察庁交通局運転免許課　運転免許統計　平成15・25年版より筆者グラフ作成
平成15年から平成25年の10年間で，免許保有年齢が高年齢にシフトしている。今後のドライバー数減少により，人材確保が課題になる。

　こうした現状に対して国としても免許制度を変更しようという動きが出ています（2014年7月警察庁案）。今まで18歳では総重量5トン未満のトラックしか運転できなかったものを，7.5トン未満まで運転できる様に変更する案も出ています。この案が国会で可決されれば，18歳のトラックドライバーがより大きなトラックに乗車可能になりますので，高卒者が運送会社就職後に即戦力化しやすい状況になるでしょう。

3 オムニチャネル

(1) ネット販売の増加

　日本の消費者向け電子商取引は増加傾向にあります。この利用度を測る指標として，「EC化率」というものがあります。EC化率（EC = Electronic Commerce）とは，全商取引金額に対する電子商取引金額の割合を示す指標です。日本の消費者向け（B to C）EC化率は，2008年には1.3％でしたが，5年後の2013年には3.7％にまで高まっています。また，その市場規模は11.2兆円になっています。アメリカの同指標は2013年に5.7％ですから，日本も同様の率まで上昇することは十分考えられます。

　消費者向けのEC化率が上昇することにより，多頻度小口配送がさらに進むと考えられます。またネット通販企業各社の納品のスピード競争も激しくなるでしょう。その一方でドライバー不足問題も発生しているため，輸送手段の奪い合いや運送コストの上昇といった問題も起きると考えられます。

(2) オムニチャネルという概念

　最近，小売業で「オムニチャネル」という手法が使われています。これは，小売業の実店舗，インターネット通信販売，ソーシャルメディアを総合的に運用する仕組みを指します。かつて「クリック・アンド・モルタル」と呼ばれていた概念に近いものです。実店舗で実物を見ながら買い物する楽しさと安心を提供すると同時に，ネット通販の利便性を組み合わせ，さらにソーシャルメディアで情報発信・情報交換を行って，これら全てが相乗効果を発揮できるのが大きなメリットです（**図表5－3**）。

　こうしたオムニチャネル化が進む背景の一つには，「ショールーミング」という現象も影響しています。ショールーミングとは，実店舗を商品の確認の場として利用し購入はネット上で行うという，実店舗をまるでショールームの様に利用することを指します。ご承知の様にAmazon.comや楽天市場などを初めとするネット通販の勢いが増しており，消費者は価格比較サイトと組み合わせ

図表5-3 オムニチャネルのイメージ図（例）

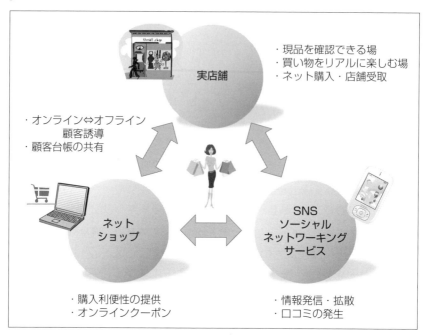

て低価格で製品を購入できる環境が出来上がりました。しかし通販では実物を確認できないので，「想像していたのと実物が違う」という購入不安は残ります。「安く買いたい」「購入不安は取り除きたい」という消費者心理が，ショールーミングに向かってしまう訳です。特にメーカーの大量販売品は，様々な小売店やネットショップで同じものを販売しているので，こうしたショールーミングが起き易いと言えます。そこで，こうしたショールーミングへの対抗策として，家電量販店や百貨店などでもオムニチャネルを構築する動きが出ています。

（3） オムニチャネルと物流

ではこのオムニチャネル化が物流にどう影響してくるのでしょうか。

オムニチャネルでは，実店舗とネット販売の垣根を無くし，2つを融合させ

て相乗効果を発揮することが狙いです。今実際にオムニチャネルを活用しているアパレル業界のユナイテッドアローズを例に挙げれば，次のようなサービスを行っています。

> ① 各実店舗の在庫状況が，ネット上で確認できる。
> ② ネット上で在庫の取り置きサービスを行っている。
> ③ 店舗に在庫が無くても，他店から取り寄せや宅配ができる。

まず①については，顧客がネット上で事前に実店舗の在庫状況を知ることが出来るので，「店に行ったが商品が無かった」という無駄足を顧客に踏ませることなく，在庫のある店舗へ顧客を誘導することが出来ます。②のサービスは，ネット上で在庫を取り置きして，指定の店舗でその商品を試着してから購入できるというサービスです。ネット通販ならではの，商品を購入前に手に取って確かめられないという不安感を払拭できます。また③については一見当たり前の様に聞こえますが，店の立場から見れば，昔の様にショップ店員が別店舗に電話をかけまくって在庫を探すといった手間を省くことができます。つまりこうしたサービスを提供することが顧客利便性の向上と同時に，店側のムダな在庫管理の手間を省くことにもなります。

オムニチャネルを活用する中で，全店舗と物流倉庫の在庫情報をオープンにすれば，店舗裏のスペース（バックヤード）に在庫を蓄えておく必要も無くなるかも知れません。有名な商業ビルのテナント店舗の賃借料は安いとは言えませんので，バックヤードのスペースは最小限にして，売り場の面積を広げる方が望ましいことです。オムニチャネル化により，バックヤードから物流倉庫に在庫を集約して，必要な分だけを倉庫から店に送るといった運用も可能になるでしょう。

4　外国との関係

(1)　人手不足と外国人

　日本の国内に居ても，最近街を歩いていると外国語を耳にすることが多くなりました。観光客の来日はもちろんですが，日本で働く外国人も増加しています。統計によれば，日本の外国人労働者数は，平成21年には56万人であったのが，平成25年には72万人へと約29％増加しています（**図表５－４**）。本章の冒頭で述べたような人口減少による労働力不足を補うために，外国人労働力を受け入れていくことは自然な流れでしょう。今後物流管理職の皆さんも，こうした外国人を自分の管理下に置くことが増えてくるでしょう（逆に上司が外国人になることもあり得ますが）。そのとき忘れてはならないのが，そうした**外国人の自国文化を理解・尊重するという姿勢**です。特に雇用する労働者の祖国の宗教や歴史については，ある程度頭に入れておいた方が，不用意な発言や扱いによるトラブル防止になるでしょう。日本に来たら日本にある程度従ってもらうことはあっても，宗教など敏感な問題には気を配ることが大切です。日本人の部下にもこうした文化面の理解をするよう，普段から指導しておきましょう。

(2)　TPP

　現在も日本は新興国との貿易が盛んに行われていますが，今後TPP（Trans-Pacific Strategic Economic Partnership　環太平洋戦略的経済連携協定）が締結され，国家間の物の移動が増加する可能性があります。これまで取り扱いの少なかった品目も，TPPによって取引量が増えてくることでしょう。また，今まで外国からの輸入品を扱った経験の無い企業が，今後輸入業務を開始するケースも増えるかもしれません。海外との取引では日本国内の取引と比べて，納期や品質に関する問題が相対的に多い傾向にあるので，今後初めて輸入を行う企業の物流管理職はそうした問題点があることも知っておきましょう。

図表5-4　産業別外国人労働者数

産業分類	外国人労働者数（人）	構成比
製造業	262,544	36.6%
サービス業（他に分類されないもの）	90,338	12.6%
宿泊業，飲食サービス業	82,237	11.5%
卸売業，小売業	79,677	11.1%
教育，学習支援業	49,629	6.9%
情報通信業	28,062	3.9%
学術研究，専門・技術サービス業	23,933	3.3%
運輸業，郵便業	19,937	2.8%
農業，林業	16,668	2.3%
建設業	15,647	2.2%
生活関連サービス業，娯楽業	10,304	1.4%
医療，福祉	10,207	1.4%
公務（他に分類されるものを除く）	8,234	1.1%
金融業，保険業	7,511	1.0%
不動産業，物品賃貸業	5,364	0.7%
分類不能の産業	3,501	0.5%
複合サービス事業	1,881	0.3%
漁業	1,526	0.2%
電気・ガス・熱供給・水道業	156	0.0%
鉱業，採石業，砂利採取業	148	0.0%
合計	717,504	100.0%

厚生労働省「外国人雇用状況」の届出状況（平成25年10月末現在）

5 環境問題

(1) 地球温暖化と資源保護対策

　第2章でも環境問題には既に触れましたが，自動車の排出ガス規制は今後も物流にとって重要課題です。トラックもハイブリッド車が存在しますが，電気自動車のトラックも登場するかも知れません。こうした新しい技術を搭載した車両に順次入替が進むでしょうし，その入替が法的に義務化されるときもやって来るかも知れません。またトラックの代替輸送として，船舶や鉄道輸送が再び注目されることとなっています。スピードを犠牲にしても環境を守ることを優先する，といった価値観の転換を迫られる時代もやってくるかと思います。

　また，資源を無駄にしないための取り組みも，今後増々重要になるのは間違いありません。3R（Reduce発生抑制，Reuse再使用，Recycle再生利用）の原則を守って，梱包資材などを無駄に使用しないことも重要です。また在庫を過剰に持たないということは，企業のコストダウンや資金繰りを良くする意味で重要なのはもちろんですが，資源廃棄を抑制するという意味においても重要です。

第6章 物流管理職の「腕を上げる」ための行動

1　物流を学ぶ

(1) 物流を学ぶことの可能性

　第5章まで物流管理職になるために必要な知識・考え方・能力などについて述べてきました。こうした物流管理の力を付けて「腕を上げる」ためには，日ごろから物流についてより深く学んだり，物流に関連した事項も学んだりする必要があります。そうした不断の努力を続けることで，物流アドバイザーへの道が開けます。経営者の「懐刀（ふところがたな）」的な存在になり，物流をもっと経営に生かしていくことを提案できるようになりましょう。

　もちろんそうした物流を学ぶことにより，実利に繋げることも可能になるでしょう。社内において昇進・昇格を目指すにも，あるいは転職でキャリアアップをお考えの方にも，学んだことは有利に働くことでしょう。

(2) 資格を取る

　世の中には物流に関連した資格が存在します。そうした資格に挑戦するのも，物流管理職としてのキャリアアップに有効でしょう。物流関連資格をリストアップしますので，ご自分の役に立ちそうな資格や，興味のある資格などがあったら挑戦してみて下さい（図表6－1）。

　物流の資格に限った話ではありませんが，資格試験をパスするためのコツは，まずは過去問題を徹底して解いて，解答を頭に入れてしまう位繰り返し解くことだと思います。私は中小企業診断士，通関士，などの資格試験に合格しましたが，過去問を解くことが試験合格のためには効果が高いと思い，実行してきました。どのような試験であっても出題傾向はあるので，出題頻度の高い分野

図表6−1　物流関係の資格例

資格名	概要	運営団体
ロジスティクス管理2級・3級	主に荷主企業のロジスティクス業務担当者向けの、ロジスティクスに関する知識の体系的理解の認定	中央職業能力開発協会
ロジスティクス・オペレーション2級・3級	主に倉庫内オペレーションを遂行するために必要な知識の保有を認定	
物流技術管理士	保管や荷役、流通加工、情報システムなど物流機能をマネジメントするための知識・管理技法に関する知識保有を認定	日本ロジスティクスシステム協会
ロジスティクス経営士	ロジスティクスを経営トップの視点から企画・立案する能力の認定	
グリーンロジスティクス管理士	環境負荷低減など持続可能社会の構築に向けて活動する「グリーン物流人材」の能力認定	
国際物流管理士	国際物流に必要な専門知識と管理技法を備えたスペシャリストの能力を認定	
運行管理者	事業用自動車の安全運行の管理者になるための国家資格	運行管理者試験センター
包装管理士	包装人材育成のための講座を受講、包装管理の知識保有の認定	日本包装技術協会
ロジスティクス・MH管理士	物流センターの効率化を提案・実施する能力の認定	日本マテリアル・ハンドリング協会
通関士	輸出入者に代わって通関手続きを代行するために必要な資格	国家資格（財務省）
貿易実務検定	貿易実務の能力・知識の判定	日本貿易実務検定協会
国際複合輸送士	海上輸送を使った国際複合輸送サービスの専門的な知識・ノウハウ保有を認定	国際フレイトフォワーダーズ協会
IATAディプロマ	国際航空貨物輸送業務に関する知識、技能を世界共通のテキストと試験で認定	航空貨物運送協会

月刊ロジスティクス・ビジネス2014年8月号の記事を基に筆者が情報を抜粋・再構成

は絶対に点を取るようにして，逆にほとんど出題されない部分はあまり労力を掛けないようにするのが，勉強時間の確保が難しい社会人にとって効率の良い勉強法です。そうした勉強時間や労力の強弱を付けるためには，実際の出題傾向に沿って時間と労力を配分することが，効率の良い方法です。経営でも同じですが，限られた資源を投資に充てるときの判断基準は，「投資効果が最も高いもの」から投資することです。つまり，同じ投資をするなら見返りの大きい投資案件に優先して資金や時間を注ぎ込むべき，ということです。勉強でも同じで，勤務時間以外の限られた時間という資源を投資するのですから，得点源になる出題分野に投資するのが良い判断でしょう。

　資格試験を勉強する方の中には，参考書を購入してまず整理ノートを作られる方がおられます。参考書を端から端まで読みながら，整理ノートに自分なりに知識を整理していくやり方です。人によって様々な勉強方法があり，向き不向きもあると思いますのでこの方法を否定はしませんが，少なくとも出題範囲の傾向を見ずしてノートをまとめるのはあまり効率が良い様には思えません。このような「ローラー作戦」的な方法は勉強にはなると思いますが，社会人は勉強時間の確保が大きな課題なので，効率の面では過去問から先に手を付ける方が良いかと思います。勉強する以上は資格を取得してこそ意味があると思いますので，時間や努力を無駄にしない工夫をしましょう。

（3）　大学院・講座に通う

　皆さんは物流について学べる大学院があるのをご存知でしょうか？ここではロジスティクス系の科目がある大学院をいくつかご紹介します（**図表6-2**）。基本的には学生向けのものにはなりますが，最近は社会人の学習熱が高まっており，社会に出てからも大学院に通う方もおられます。景気低迷の時代に身を守る手段として学ぶことを選択する方も増えているのでしょうし，社会の複雑化により学生時代の学習範囲だけではとても知識が足りず，改めて学習する方もおられます。時間と費用は掛かりますが，熱意のある方は挑戦するのもキャリアにプラスになることでしょう。

図表6-2 ロジスティクス系科目を設けている大学院

大学名	コース	物流関連科目
青山学院大学大学院	国際マネジメント研究科	サプライチェーンマネジメント
大阪産業大学大学院	経営・流通学研究科（サプライチェーン研究コース）MBA	ロジスティクス特論，国際ロジスティクス特論，国際交通特論，マーケティング特論，流通政策特論，情報データ処理特論，他
神奈川大学大学院	経済学研究科流通マーケティング・経営コース	マーケティング理論・研究史，物流論
関西大学大学院	商学研究科商学専攻	ロジスティクス論，サプライチェーンマネジメント
関西学院大学大学院	商学研究科	ロジスティクス
九州大学大学院	経済学府産業マネジメント専攻	国際ロジスティクス
京都大学大学院	工学研究科都市社会工学専攻	ロジスティクスシステム工学講座
神戸大学大学院	社会人MBAプログラム	サプライチェーンマネジメント，オペレーションズマネジメント，オペレーションズリサーチ
国際大学大学院	国際経営学研究科（Eビジネス経営学プログラム）	サプライチェーンマネジメント，オペレーションズマネジメント
多摩大学大学院	サプライチェーンマネジメント	サプライチェーンマネジメント概論，ドラッカーとSCM，ロジスティクスビジネス，グローバルロジスティクス，他
筑波大学大学院	ビジネス科学研究科経営システム科学専攻	ロジスティクスとサプライチェーン，最適化モデル
東海大学大学院	海洋学研究科海洋工学専攻（修士課程）	貿易物流特論Ⅰ，Ⅱ，物流システム特論Ⅰ，Ⅱ
東京海洋大学大学院	海洋科学技術研究科海運ロジスティクス専攻	物流貨物管理工学実験，サプライチェーン最適化工学，ロジスティクス工学，流通設計論，他
東京工業大学大学院	イノベーションマネジメント研究科キャリアアップMOT ※学位等認定ではなくプログラム受講修了認定	サプライチェーン戦略スクールストラテジックSCMコース
名古屋学院大学大学院	経済経営研究科経営政策専攻	ロジスティクス
一橋大学大学院	商学研究科経営学修士（MBA）コース	ロジスティクス
福島大学大学院	共生システム理工学研究科	物流情報システム特論Ⅰ，Ⅱ，交通物流システム工学Ⅰ，Ⅱ，他
法政大学大学院	経営学研究科経営学専攻	国際物流論
立命館アジア太平洋大学大学院	経営管理研究科（MBA）	サプライチェーンマネジメント
流通経済大学大学院	物流情報学研究科	ロジスティクス実践特論，ロジスティクス工学特論，ロジスティクスビジネス論特論，ロジスティクス分析・改善特論，他
早稲田大学大学院	商学研究科ビジネス専攻（早稲田大学ビジネススクール）	ロジスティクス最新事情

月刊ロジスティクス・ビジネス2014年8月号の記事を基に筆者が情報を再構成

※ 紙面の関係で載せきれませんが，他の大学でもロジスティクス系の科目を設けている大学院はあります。

2 情報収集を怠らない

(1) 業界誌を読む

　様々な業界誌が世の中には存在しますが，物流にも業界誌があります。こうした業界誌から情報収集するのも一つの方法です。業界誌をいくつかご紹介しておきます(図表6－3)。

　こうした業界誌を読むことで，新しい情報を常に取り込んで考えていくことが必要です。常にアンテナを張りながら，役に立つ情報は無いかという意識を持ちましょう。不思議なもので，アンテナを立てている人のところには情報が入ってくるものです。意識していなければ見過ごしがちな情報も，意識するこ

図表6－3　物流関連雑誌・新聞の例

誌名	出版社
雑誌	
月刊ロジスティクス・ビジネス	ライノス・パブリケーションズ
月刊マテリアルフロー	流通研究社
流通ネットワーキング	日本工業出版
流通とシステム	流通システム開発センター
新聞	
物流Weekly	物流産業新聞社
物流ニッポン	物流ニッポン新聞社
輸送経済	輸送経済新聞社
日刊CARGO	海事プレス社
カーゴニュース	カーゴ・ジャパン
運輸新聞	運輸新聞社
日本海事新聞	日本海事新聞社

情報は2014年10月現在

とで情報に敏感になることが出来ます。

(2) 現場を見る機会

自分の会社の物流現場は毎日見るでしょうが、他社の現場となると中々見ることが出来ません。昔は物流現場の見学会などもありましたが、最近では企業情報を明かさなくなっているので、残念ながら現場を見るチャンスはあまりありません。時々見学会を実施しているケースもありますが、自分でインターネットなどを使って常に探していないと中々見つかりません。そうした意味では、現場を見て学ぶことが難しい状況にあります。他社と比較して自分の会社の物流現場がうまく回っているのか、レイアウトに問題は無いのか、といった評価がしづらいのが現状です。

物流現場とは違いますが、物流イベントに参加するのも一つの方法です。「国際物流展示会」は2年に一回の開催ですが、数多くの物流関連企業がブースを構えているので、最新の物流サービスを目で見ることが出来ますし、直接出展企業の担当者からサービスについての説明を聴くことも出来ます。

3 キャリアパス

(1) 昇　　進

この本の目指すところは「経営者へのアドバイザーとして活躍する」ことですが、昇進しないことには経営者にアドバイスする立場には当然成れません（上司を飛び越してアドバイスは無理ですね）。この経営者に直接助言できるポジションというのは、企業によって異なります。役員クラスになって初めて助言できる企業もあれば、部長クラスで良い職場もあります。また、企業の規模が異なれば組織ピラミッドのタテの長さが異なるので、アドバイザーになるための道のりの長さもかなり違ってきます。社内の昇進・昇格の人事制度も会社によってまちまちですから、皆さんそれぞれの状況に応じてアドバイザーの地位を目指していかなければなりません。この本を読まれている方は既に物流管理職についている方もいれば、まだ役職のついていない若い方もおられるかと思

います。若い方は道のりが長いかも知れませんが，目指すところを決めて頑張りましょう。

　大事なことは，社内での難しい仕事も自ら買って出る様な姿勢を持つことです。例えば社内のプロジェクトで物流が関わるものが出てきたら，志願してみるのが良いでしょう。経験にはやはり重みがあります。経験がある人がするアドバイスは，説得力が違います。世の中，待っているだけではチャンスは回って来ませんので，自分から経験を増やす努力をしましょう。

　スクールや資格取得で理論を学び，かつ社内では物流プロジェクトや改善活動に積極的に取り組んで実戦経験を身に付け，理論と実践の融合を図って下さい。そうした行動により物流のプロとしてのキャリアが形成され，経営者にアドバイスできるように成れると考えます。

(2) 転　　職

　近年は転職することもかなり一般化してきました。企業業績の低下によって，突然会社を去るケースもあるでしょうし，ポジティブな意味でキャリアアップ目的の転職もあるでしょう。いずれにしても，人生の中で転職を誰しもが頭に入れなければならない時代になりました。

　今はそうした時代ですから，キャリア形成にあたり「どこに行っても通用する能力を身に付けろ」ということが言われます。それは同じ会社に一生勤めるとしても必要な能力であると一般に捉えられています。本書で再三お伝えしている「物流アドバイザー」という考え方も，正に同じ考え方に基づいています。

　転職が人生の大きな活路になることも，実際にあります。かくいう私も転職経験者ですが，私が初めて転職したときは，日本企業から外資系企業への転職でした。その時，転職とは異文化に足を踏み入れることだと実感しました。転職前の日本企業は基本的に年功序列型で，若い人間が何かを提案するような社風ではありませんでしたが，それが当時のスタンダードでした。しかし転職後の外資系企業では，若くても自発的に様々な工夫をして，提案することを求められる文化でした。そうした自発性を求められる文化の中で，私は物流の改善

についても積極的に考えるようになりました。様々な物流改善に関わり，仕事も任せてもらえる。これは転職が成功した例です。

　もっとも，転職にはリスクも伴いますので，転職して良い状況になることもあれば，逆に問題の多い会社に足を踏み入れてしまうこともあるわけです。転職先の内部事情を入社前に全て知ることは困難なので，企業選びは本当に難しいことです。一つ言えるのは，本書を読まれているような物流改善に意欲的な方は，あまりにも保守的な会社とは相性が良くないかも知れません。もっとも，そうした保守性を打破して物流改革できる人材であれば，物流管理職として大変頼もしい方だと言えますが。

　一般に転職では，同じ業界内で転職する方が多い様です。食品なら食品，電機なら電機，といった具合です。確かに営業なら業界人脈という資産が必要なので，同業界内での転職はうなずけます。しかし物流職の場合，必ずしも転職先に同業界を選ぶ必要はないでしょう。物流は異業界であっても，本人の応用力次第で成果を上げられる仕事だと思います。物流職に必要なのは「改善力」であり，物流業務の本質を理解できていれば業界にはあまり左右されないものです。まして業界人脈については，物流職の場合あまり関係ないのが普通です。

　ところが企業が物流人材を採用する場合，書類選考において同じ業界の出身者を採用しようとする傾向もある様です。本来，物流業務経験を十分持っている人材ならば，業界経験より本人の論理的思考力や対人関係構築力などの方が大切です。業界の慣習や手続き的なものは形式的なものなので，後から覚えれば良いのです。しかし物流管理・改善力など物流人材のコア能力は，形式的に覚えようとしても身に付きませんし，短期的な習得はまず無理です。この点は，採用企業も考慮しなければならない点だと考えます。

参考文献等

【参考文献】

- 経営戦略　大滝精一・金井一頼・山田英夫・岩田智著（有斐閣アルマ）
- 組織論　桑田耕太郎・田尾雅夫著（有斐閣アルマ）
- セブン－イレブンの物流研究　信田洋二著（商業界）
- 人気店はバーゲンセルに頼らない　齊藤孝浩著（中公新書ラクレ）
- 物流がわかる事典　中田信哉著（日本実業出版社）
- グロービス　MBAファイナンス　グロービス経営大学院編著（ダイヤモンド社）
- グロービス　MBAマーケティング　グロービス経営大学院編著（ダイヤモンド社）
- 新・物流マン必携ポケットブック　鈴木邦成著（日刊工業新聞社）
- 最適在庫実現マニュアル　横山英機著（すばる舎リンケージ）
- 問題解決に役立つ生産管理　弥冨尚志・山崎隆由・三宅幹雄・西俊明・草刈利彦著（誠文堂新光社）
- 図解　生産管理のすべてがわかる本　石川和幸著（日本実業出版社）
- 「物流管理」の常識・非常識　湯浅和夫著（PHPビジネス新書）
- 流通関係法―商流・物流の基本法規と解説　野尻俊明著（白桃書房）
- 月刊ロジスティクス・ビジネス　2014年8月号（ライノス・パブリケーションズ）

【ホームページ】

- 国交省　http://www.mlit.go.jp/
- 日本ロジスティクスシステム協会「ロジスティクスKPIとベンチマーキング調査報告書（概要版）2014」　http://www.logistics.or.jp/jils_news/
- e-words　http://e-words.jp/
- グロービスGMS　http://gms.globis.co.jp/
- ジェトロ　http://www.jetro.go.jp/
- イーガブ　http://www.e-gov.go.jp/
- 税関　http://www.customs.go.jp/tetsuzuki/c-answer/
- 国立社会保障・人口問題研究所　http://www.ipss.go.jp/
- 総務省統計局　http://www.stat.go.jp/
- 日本経済新聞記事「トラック運転免許，18歳は7.5トン未満に引き上げ　警察庁方針」2014/7/10 13:40　http://www.nikkei.com/article/DGXNASDG1000G_Q4A710C1CR0000/
- 警察庁交通局運転免許課　運転免許統計平成15・25年版　https://www.npa.go.jp/toukei/menkyo/pdf/h25_main.pdf
- 厚生労働省　厚生労働省「外国人雇用状況」の届出状況（平成25年10月末現在）http://www.mhlw.go.jp/stf/houdou/0000036114.html
- 一般社団法人　全国清涼飲料工業会ホームページ　http://www.j-sda.or.jp/environment/about3r.php

著者紹介

千本　隆司（せんぼん　りゅうじ）

物流強化アドバイザー。ステップビズ合同会社代表。
メーカー・卸・小売業の物流戦略立案や物流改善をサポートする専門家。物流コスト適正化や物流品質向上など，相談企業の「物流力」強化プラン作成と実行支援を行っている。20年を超える物流キャリアを積む中で，メーカー勤務時代には物流マネージャーとして在庫量30％削減，コンサルティング会社勤務時代には顧客物流コストの25％削減などを達成。顧客の悩みの聞き役となり，「気軽に話しやすいコンサルタント」として評判を得ている。今後，物流改革の重要性をより多くの経営者に広めていきたいと考えている。
保有ライセンスは，中小企業診断士，通関士，一級販売士。

著者との契約により検印省略

平成27年 3月 1日　初版第 1 刷発行
平成27年12月 1日　初版第 2 刷発行
平成28年 8月10日　初版第 3 刷発行

戦略思考の物流管理入門

著　者　千　本　隆　司
発行者　大　坪　嘉　春
印刷所　税経印刷株式会社
製本所　牧製本印刷株式会社

発行所　〒161-0033 東京都新宿区下落合2丁目5番13号　**株式会社 税務経理協会**
　　　　振　替　00190-2-187408　　電話　(03)3953-3301（編集部）
　　　　ＦＡＸ　(03)3565-3391　　　　　　 (03)3953-3325（営業部）
　　　　URL　http://www.zeikei.co.jp/
　　　　乱丁・落丁の場合は，お取替えいたします。

©　千本隆司　2015　　　　　　　　　　　　　　　　　　Printed in Japan

本書の無断複写は著作権法上での例外を除き禁じられています。複写される場合は，そのつど事前に，（社）出版者著作権管理機構（電話 03-3513-6969，FAX 03-3513-6979, e-mail : info@jcopy.or.jp）の許諾を得てください。

JCOPY ＜(社)出版者著作権管理機構 委託出版物＞

ISBN978-4-419-06212-5　C3034